广东省教育研究院李海东副院长对项目做研制指导

广东省教育研究院职业教育研究室杜怡萍副主任做项目研制指导

市场营销专业标准研制开题研讨会专家合影

市场营销专业标准研制企业调研会

市场营销专业职业能力分析会

市场营销专业标准研制调研工作研讨会

市场营销专业职业能力行业专家研讨会

市场营销专业职业能力行业专家研讨会

市场营销标准课程体系构建会

市场营销专业标准研制项目结题内审会

第二批专业教学标准和课程标准研制项目成果总结会

市场营销专业课程体系构建教育专家研讨会

现代职业教育标准体系建设系列丛书

中高职衔接专业教学标准和课程标准：

市场营销专业（中职）　市场营销专业（高职）

广东省教育厅　编
广东省教育研究院

丛书编委会

主　　　任：胡振敏
副　主　任：汤贞敏　吴艳玲
编委会成员（排名不分先后）：
　　　　　　李海东　王魏锋　张家浚　杜怡萍
　　　　　　邓文辉　吴　晶　黄文伟　万　达
本书编委会成员（排名不分先后）：
　　　　　　张珀维　梁雪贤　杜耀国　彭月嫦
　　　　　　张欢欢　李嘉怡　李虹云　孔繁正
　　　　　　曾美芬　肖　红　余远坤　周淑敏
　　　　　　潘　彤
本书执行主编：曾洁　张丽华　邓文辉

广东高等教育出版社
Guangdong Higher Education Press
·广州·

图书在版编目（CIP）数据

中高职衔接专业教学标准和课程标准：市场营销专业（中职） 市场营销专业（高职）/广东省教育厅，广东省教育研究院编. ——广州：广东高等教育出版社，2018.12

（现代职业教育标准体系建设系列丛书）

ISBN 978-7-5361-6367-6

Ⅰ. ①中… Ⅱ. ①广… ②广… Ⅲ. ①市场营销学 - 职业教育 - 教学参考资料 Ⅳ. ①G719.2

中国版本图书馆 CIP 数据核字（2018）第 289969 号

出版发行	广东高等教育出版社
	地址：广州市天河区林和西横路
	邮政编码：510500　电话：(020) 87551597　38493773
	http://www.gdgjs.com.cn
印　刷	佛山市浩文彩色印刷有限公司
开　本	787 毫米 × 1 092 毫米　1/16
印　张	13.25
插　页	1
字　数	307 千
版　次	2018 年 12 月第 1 版
印　次	2018 年 12 月第 1 次印刷
定　价	33.00 元

序

  2016年12月，教育部部长陈宝生在现代职业教育发展推进会上提出，职业教育要"香""亮""忙""强""活""特"起来，加快推进职业教育现代化。"亮不亮，看质量"，职业教育"亮"起来，更多体现在职业教育质量上，而标准是质量的基础、依据与保证，是确保和提升我国职业教育质量水平所必需的。科学建立现代职业教育系列标准是擦亮职业教育品牌的关键，也是广东实施教育发展"十三五"规划、创建现代职业教育综合改革试点省、加快建设现代职业教育体系的重点领域和关键环节，其中中高职衔接的专业教学标准和课程标准研制更是重中之重。这是由于现代职业教育改革发展的突破口之一在于研制中高职衔接专业教学标准和课程标准，实现相关专业中职、高职、应用型本科在技术技能型、应用型人才培养的目标、课程体系、教材体系、教学安排、评价等方面有机衔接，而标准研制是一项富有挑战性的工作，难度极大。值得欣慰的是，广东职业教育工作者通过长期的学习借鉴和创造实践，形成了"能力核心、系统培养"的理念，按照设计框架、构建标准、分级培养、衔接贯通的思路，找到了中职、高职、应用型本科衔接的可行路径与科学方法。专业教学标准和课程标准作为相关专业中职、高职、应用型本科衔接的教学基本文件，是明确各层次培养目标和规格、加强专业建设、构建课程体系、开发教材和学习资源、组织实施教学和规范教学管理的基本依据，是评估教育教学质量的主要标尺，成为社会用人单位选用职业院校毕业生的重要参考。基于这样的认识和判断，广东省教育厅一直高度重视这项工作。

  2013—2015年，广东省教育厅分别启动三批74个中高职衔接、高职本科衔接以及现代学徒制的专业教学标准和课程标准研制，第一批9个专业的中高职衔接专业教学标准和课程标准研制项目已于2015年完成，成果已出版，产生了很好的效果。第二批33个项目，在广东省教育研究院的组织指导下，在中职学校、高职院校、应用型本科院校和行业企业的共同努力下，经过两年的研制，也取得了喜人的工作成绩和丰硕的研制成果，其中 30 个项目成果于 2017 年 3 月通过了省级验收。现在展现在读者面前的是第二批 30 个项目组研制的系列中高职衔接、高职本科衔接专业教学标准和课程标准。我由衷地为研制标准而付出辛勤劳动、取得显著成绩的各有关方面特别是直接参与研制的全体工作人员点赞。我期望，各职业院校和各行各业能认真学习领会、积极贯彻实施标准成果，在参照执行过程中多提建设性意见和建议，共同完善标准，为推进建立健全广东现代职业教育标准体系做出应有贡献，为创建现代职业教育综合改革试点省添砖加瓦！

　　是为序。

广东省教育研究院
院长、党委书记　汤贞敏
2018 年 3 月 29 日

前　　言

　　为加快广东现代职业教育体系建设，解决中高职衔接中目标定位不清、课程重叠、标准匮乏等问题，2016年广东省启动第二批中高职衔接15个专业教学标准与课程标准项目研制。广东省商业职业技术学校、广东农工商职业技术学院和广东营销学会联合申报，获得了中高职衔接市场营销专业教学标准与课程标准的研制项目。

　　这是一个由多方联合开发研制的项目。经过一年多的努力，项目研制经历了供需调研、职业能力分析、课程体系建构和标准编制四个阶段。项目组团结协作，克服时间紧、任务重等各种困难，完成了各项研制任务，顺利通过了省级验收。

　　在供需调研阶段，项目组采用调研问卷、实地访谈、资料查询等形式，调研了珠江三角洲、粤东、粤西、粤北地区162家企业、13所高职院校、16所中职学校，对中高职市场营销专业在校生和毕业生学习动机、升学意向、就业情况、专业能力、课程设置，以及企业用工需求等进行了广泛调研，比较分析了中高职院校教学计划、人才培养方案等资料，撰写了《中高职衔接市场营销专业教学标准和课程标准研制调研报告》《中高职衔接市场营销专业企业人才需求报告》《中高职衔接市场营销专业毕业生调研报告》等。

　　在职业能力分析阶段，项目组根据供需调研阶段确定的中高职市场营销专业毕业生就业岗位和职业生涯发展路径，邀请行业企业一线的营销专家，召开了两场职业能力分析会。会上分析讨论了市场营销专业中、高职学段就业岗位的工作项目、工作任务、职业能力和职业素养要求，并对职业能力分析结果进行整理和编码，形成了中高职市场营销专业的职业能力分析表。该职业能力分析表涵盖了市场营销专业的营销、业务、客服和市场四大类工作领域，12个岗位的44个工作项目、173项工作任务，共计544条职业能力。

　　在课程体系构建阶段，项目组以职业能力分析为基础，邀请12位中高职市场营销专业的教育专家召开了中高职衔接课程转换会议，就专业培养目标、职业教育范围、人才规格、课程结构、内容及要求、教学安排、教学基本条件和教学实施建议进行研讨，并将职业能力与课程内容进行对接，构建了中高职衔接市场营销专业的课程体系。

  在标准编制阶段，分别成立了专业教学标准和中高职课程标准编写小组，各小组整理分析课程与能力对接表，利用鱼骨图等分析工具，依照编写框架编制了专业教学标准和专业核心课程、专业方向课程标准，最终形成了中高职衔接市场营销专业教学标准、13门中职学段市场营销专业核心课程和专业方向课程标准、15门高职学段市场营销专业核心课程和专业方向课程标准。

  本书由广东省商业职业技术学校曾洁、广东农工商职业技术学院张丽华、广东省教育研究院职业教育研究室邓文辉担任执行主编，并负责全书总纂。广东省商业职业技术学校梁雪贤、杜耀国，广东农工商职业技术学院李虹云、曾美芬等老师参与编写。

  在这里要特别感谢广东省教育厅吴艳玲调研员、吴念香调研员等的大力支持；感谢广东省教育研究院李海东副院长，职业教育研究室杜怡萍副主任、邓文辉副主任、黄文伟副研究员、万达副教授等诸位老师的悉心指导；感谢为标准研制提供帮助的中高职院校老师和众多行业专家，感谢研制团队各位成员，正是有他们的支持和付出，才有今天的成果。

  由于项目组水平有限，难免有疏漏和不足之处，敬请批评指正。

市场营销专业中高职衔接专业
教学标准和课程标准研制项目组
2018年5月

目　　录

上篇　中高职衔接市场营销专业教学标准

一、专业名称及代码 …………………………………………………………（ 1 ）
二、招生对象 …………………………………………………………………（ 1 ）
三、基本学制与学历 …………………………………………………………（ 1 ）
四、培养目标 …………………………………………………………………（ 1 ）
五、职业范围 …………………………………………………………………（ 2 ）
六、人才规格 …………………………………………………………………（ 3 ）
七、典型工作任务及职业能力分析 …………………………………………（ 5 ）
八、课程结构 …………………………………………………………………（ 5 ）
九、课程内容及要求 …………………………………………………………（ 7 ）
十、教学安排 …………………………………………………………………（ 22 ）
十一、教学基本条件 …………………………………………………………（ 26 ）
十二、教学实施建议 …………………………………………………………（ 29 ）
十三、其他 ……………………………………………………………………（ 30 ）
十四、开发团队 ………………………………………………………………（ 30 ）

下篇　中高职衔接市场营销专业课程标准

中职学段：市场营销基础课程标准 …………………………………………（ 32 ）
中职学段：市场调查实务课程标准 …………………………………………（ 39 ）
中职学段：商务沟通课程标准 ………………………………………………（ 44 ）
中职学段：网络营销实务课程标准 …………………………………………（ 49 ）
中职学段：商务礼仪课程标准 ………………………………………………（ 55 ）
中职学段：门店运营实务课程标准 …………………………………………（ 60 ）
中职学段：物流基础课程标准 ………………………………………………（ 68 ）
中职学段：推销实务课程标准 ………………………………………………（ 72 ）
中职学段：连锁经营实务课程标准 …………………………………………（ 77 ）

中职学段：商品展示与促销课程标准 …………………………………………（82）
中职学段：客户服务技巧课程标准 ……………………………………………（88）
中职学段：客户数据管理课程标准 ……………………………………………（93）
中职学段：客户关系维护课程标准 ……………………………………………（98）
高职学段：市场营销课程标准 …………………………………………………（103）
高职学段：市场调研与预测课程标准 …………………………………………（110）
高职学段：商务谈判课程标准 …………………………………………………（117）
高职学段：电子商务课程标准 …………………………………………………（123）
高职学段：现代企业经营管理课程标准 ………………………………………（129）
高职学段：营销策划课程标准 …………………………………………………（135）
高职学段：公共关系课程标准 …………………………………………………（142）
高职学段：渠道管理课程标准 …………………………………………………（149）
高职学段：广告策划实务课程标准 ……………………………………………（156）
高职学段：财务管理课程标准 …………………………………………………（162）
高职学段：个人与团队管理课程标准 …………………………………………（167）
高职学段：销售管理课程标准 …………………………………………………（172）

附　　录

1. 中高职衔接市场营销专业职业能力分析表……………………………………（179）
2. 项目结题证书………………………………………………………………………（202）

上 篇
中高职衔接市场营销专业教学标准

一、专业名称及代码

中职学段：市场营销，专业代码：121000。
高职学段：市场营销，专业代码：630701。

二、招生对象

中职学段：初中毕业生及同等学力者。
高职学段：转段考核合格的中职学校市场营销等相关专业的正式学籍学生。

三、基本学制与学历

（一）学制

中高职衔接（"3+2"学制）：中职学段3年，高职学段2年。

（二）学历

中职学段学习合格取得中职教育学历，高职学段学习合格取得专科学历。

四、培养目标

（一）中职学段培养目标

本专业培养与我国社会主义现代化建设要求相适应，德智体美劳全面发展，面向现代服务业、先进制造业和现代农业等行业企业，从事销售业务、客服、市场调查等岗位工作，具有良好的职业道德、较强的服务意识、健康的心理素质、较好的沟通协作能力，具备商品销售及管理、市场推广、客户服务等专业能力，以及继续学习能力，在生产、服务、管理第一线的高素质劳动者和中级技能型人才。

（二）高职学段培养目标

本专业培养与我国社会主义现代化建设要求相适应，德智体美劳全面发展，面向现代服务业、先进制造业和现代农业等行业企业，从事销售业务、客服、市场管理等岗位工作，具有良好的职业道德、较强的服务意识、健康的心理素质、较好的团队合作精神，具备市场调研、营销策划、销售管理、品牌推广、客户管理等专业能力，以及自主学习和创新创业能力，在生产、服务、管理第一线的高级技术技能型人才。

五、职业范围

（一）职业生涯发展路径（见表1-1）

表1-1 市场营销专业职业生涯发展路径

发展阶段	就业岗位				学历层次	一般发展年限/年	
	零售类	业务类	客服类	市场类		中职	高职
Ⅴ	高级管理人才（总监或合伙人）				—	—	—
Ⅳ	店长	业务经理	客服经理	市场总监	高职	5～7	4～6
Ⅲ	营业部长	业务部长	客服主管	市场经理	高职	3～4	2～3
Ⅱ	营业主管	业务主管	客服专员	市场专员	中职	2～3	1～2
Ⅰ	营业员	业务员	客服员	市场调查员	中职	1	0～6个月

（二）中职学段面向职业范围（见表1-2）

表1-2 市场营销专业中职学段面向职业范围

序号	对应职业（岗位）	专业（技能）方向
1	市场调查员、业务员、营业员、营业主管	商品销售
2	客服员、客服专员	客户服务

（1）市场调查员岗位：了解调研方案、明晰调研目标、落实调研经费和确定调研人员。

（2）业务员岗位：熟悉产品及市场环境，能开发市场、寻找客户并评估客户，进行合作意向洽谈。

（3）营业员岗位：具有社会适应能力和独立解决问题能力，能创造愉快的购物环境、维持卖场整洁、保持卖场卫生干净，正确使用规范服务用语"五唱"，较好地完成顾客服务。

（4）营业主管岗位：能运用良好的服务态度、沟通技巧和语言表达能力，提高顾客服务质量，熟练掌握倾听技巧且有较强的沟通协调和独立解决问题能力，具有良好的促销人员管理、财务管理和卖场商品管理能力。

（5）客服员岗位：能搜集并分析客户信息，进行客户咨询、登记、调查及销售反馈，搜集培训需求。

（6）客服专员岗位：能进行客户培训，制定培训目标和培训方案，组织培训和培训评估；能协调公共关系，如客户、部门间及外部沟通，开展促销、产品和环境服务项目；能进行客户回访、订单跟踪、会员维护和投诉处理并跟踪。

（三）高职学段面向职业范围（见表1-3）

表1-3 市场营销专业高职学段面向职业范围

序号	对应职业（岗位）	专业方向
1	市场总监、市场经理、业务经理、业务部长	营销策划
2	营业部长、客服主管	销售管理

（1）市场总监岗位：能制订调研计划，确定调研时间、地点、对象；能选择适当的调研方法，进行调研分工和实施调研方案并撰写调研报告。

（2）市场经理岗位：能进行团队建设，如员工培训、人才储备、制度建设和员工关系；能进行市场调研，如数据采集，明确调研目的、确定调研方式，识别数据的有效性、运用统计方法统计数据并撰写报告。

（3）业务经理岗位：能进行订单管理、退货管理和货款跟进；能组织促销活动和进行销售服务；能进行团队建设并能及时填制报表信息。

（4）业务部长岗位：了解产品构造及功能、产品优劣势和产品销售政策，能掌握产品、竞品价格体系和目标客户群；能进行客户信用管理，开拓新顾客，巩固老客户，进行客户资源整合；能进行团队建设，如建立团队制度、规划工作流程等；能开拓新市场、新渠道，合理配置资源，制订执行计划，进行监督和管控。

（5）营业部长岗位：能进行营销规划，如市场调研、市场定位、营销策划；能进行客户管理，如客户资料整理、搜集客户资料、分析客户需求，能制定客户政策，进行客户信用管理，维护好客情关系；能进行团队建设，如建立制度、员工培训、人才储备、组织团队活动等。

（6）客服主管岗位：能进行工作规划，如设定目标、下达计划、制定执行方案、监督和管控任务；能进行人力、资产整合；能进行客户服务、危机处理、风险规避和把控客户关系；能进行团队制度、人才储备、员工关系建设等。

六、人才规格

（一）中职学段人才规格

1. 职业素养

（1）遵纪守法，践行社会主义核心价值观。

（2）吃苦耐劳，具有较强的服务意识和责任心。

（3）具有良好的职业形象、团队合作精神和人际交往能力。

（4）具备良好的创新创业意识。

（5）具备较强的工作执行能力，能高效完成工作。

（6）具有较强的心理承受与抗挫折能力。

2. 专业能力

（1）理解营销理念，掌握营销基础知识。

（2）能够进行市场数据的搜集、整理及统计分析。

（3）能准确描述商品特征，进行商品陈列、销售和推广。

（4）掌握基本的财税知识，能够进行销售结款及报账。

（5）能够进行商品的保管、调配与出入库操作。

（6）能够根据采购计划进行订单跟踪，完成采购任务。

（7）能够搜集、整理客户信息，进行分类管理与维护。

（8）能够妥善处理客户异议。

（9）具备一定的商务谈判能力，促成交易。

（10）能够利用网络进行市场营销实务操作。

（11）能进行促销活动的计划、组织与执行。

（二）高职学段人才规格

1. 职业素养

（1）遵纪守法，践行社会主义核心价值观。

（2）吃苦耐劳，具有较强的服务意识和责任心。

（3）具有良好的职业形象、团队合作精神和沟通能力。

（4）具备较强的执行力和组织管理能力。

（5）具有较强的心理调适能力。

（6）具有较强的自主学习能力和良好的创新创业精神。

2. 专业能力

（1）具备正确的营销理念，熟悉现代企业运作流程。

（2）能够组织开展市场调研活动。

（3）能制定营销策划方案并组织实施。

（4）能够进行商品交易洽谈、合同签订及销售管理。

（5）能够进行商品销售核算、资产管理以及绩效分析。

（6）能够进行市场细分、目标市场选择和市场定位。

（7）能够进行品牌策划、推广与维护。

（8）能够搜集、整理客户信息，进行分类管理与维护。

（9）能够开展客户服务培训，妥善处理客户投诉。

（10）能够利用现代信息技术开展营销活动。

（11）能够进行团队建设与管理。

（12）能够理解、认同、传播和践行企业文化。

七、典型工作任务及职业能力分析

针对本专业中职、高职的四大类 16 个目标岗位，面向行业企业，运用样本采集、头脑风暴、专家座谈等方法开展职业能力分析，获得 44 个工作项目、173 项工作任务，共计 544 条职业能力点及 43 条职业素养点，详见附录 1。

八、课程结构

（一）中职学段课程结构（见表 1-4）

表 1-4 中职学段课程结构

课程模块		课程名称	课程性质
公共基础课程		职业生涯规划	必修课
		职业道德与法律	必修课
		经济政治与社会	必修课
		哲学与人生	必修课
		语文	必修课
		数学	必修课
		英语	必修课
		计算机应用基础	必修课
		体育与健康	必修课
		公共艺术	必修课
		历史	必修课
专业课程	专业核心课程	市场营销基础*	必修课
		市场调查实务*	必修课
		商务沟通*	必修课
		网络营销实务*	必修课
		经济法基础	必修课
		消费心理基础*	必修课
		商品知识	必修课
		商务礼仪	必修课
		门店运营实务	必修课
		会计基础知识	必修课
		物流基础	必修课
		企业经营认知实践	必修课
		营销技能综合实训	必修课
		项目实习	必修课

续上表

课程模块		课程名称	课程性质
专业课程	商品销售专业（技能）方向课程	推销实务	限选课
		连锁经营实务	限选课
		商品展示与促销	限选课
	客户服务技巧专业（技能）方向课程	客户服务技巧	限选课
		客服数据管理	限选课
		客户关系维护	限选课

注："*"表示中高职的衔接课程。

（二）高职学段课程结构（见表1-5）

表1-5 高职学段课程结构

课程模块		课程名称	课程性质
公共基础课程		思想品德修养与法律基础	必修课
		毛泽东思想和中国特色社会主义理论体系概论	必修课
		形势与政策	必修课
		高等应用数学	必修课
		英语	必修课
		计算机应用基础	必修课
		体育	必修课
		就业指导与职业生涯设计	必修课
		创新创业基础	必修课
专业课程	专业核心课程	市场营销*	必修课
		市场调研与预测*	必修课
		商务谈判*	必修课
		电子商务*	必修课
		消费者行为分析*	必修课
		现代企业经营管理	必修课
		团队管理	必修课
		财务管理	必修课
		顶岗实习	必修课
	营销策划专业方向课程	营销策划	限选课
		广告策划实务	限选课
		公共关系	限选课
	销售管理专业方向课程	销售管理	限选课
		商品陈列与管理	限选课
		渠道管理	限选课

注："*"表示中高职的衔接课程。

九、课程内容及要求

（一）中职学段课程内容及要求

1. 公共基础课程（见表1-6）

表1-6 公共基础课程

序号	课程名称	主要教学内容和要求	参考学时
1	职业生涯规划	本课程依据《中等职业学校德育课课程教学大纲》开设，旨在引导学生树立正确的职业理想和职业观念，学生能够根据社会需要和自身特点进行职业生涯规划。课程分成五大模块：职业生涯规划与职业理想、职业生涯发展条件与机遇、职业生涯发展目标与措施、职业生涯发展与就业创业、职业生涯规划管理与调整。通过课堂体验、活动探索形成生涯规划能力，树立正确的职业观、择业观和成才观	36
2	职业道德与法律	本课程依据《中等职业学校德育课课程教学大纲》开设，从了解文明礼仪开始，循序渐进地陶冶学生的道德情操，增强职业道德意识和法治观念，指导学生掌握与日常生活和职业活动密切相关的法律常识。教学中注重引导学生合作探究和实践学习，坚持贴近学生、贴近职业、贴近社会，增强德育教育的针对性、主动性和时代感，进而做到理论与实际相结合，知、信、行相统一	36
3	经济政治与社会	本课程依据《中等职业学校德育课课程教学大纲》开设，从商品的交换与消费切入，透视企业的生产与经营个人的收入与理财相关的经济现象；站在社会主义的基本经济制度和社会主义市场经济的立场上，坚持对外开放的基本国策，投身到小康的经济建设中；了解我国民主政治的发展道路，拥护社会主义政治制度；做到参与政治生活，依法行使民主权利，履行义务、承担责任，关注改善民生和国际社会、维护国家利益，明白建设和谐社会人人有责	36
4	哲学与人生	本课程依据《中等职业学校德育课课程教学大纲》开设，旨在运用唯物论原理，鼓励学生坚持从客观实际发展，脚踏实地在人生路上自强不息地行动。学生能用普遍联系、发展变化和矛盾观点辩证地看待问题，树立积极的人生态度；能坚持认识和实践的统一，懂得透过现象认识本质，提高明辨是非的人生发展能力；能做到顺应历史发展潮流，在掌握历史发展规律的基础上，清晰人的本质与利己利他的关系，凭着理想信念与意志责任，在社会劳动奉献中发展自我，创造人生价值，实现人的全面发展与个性自由	36

续上表

序号	课程名称	主要教学内容和要求	参考学时
5	语文	本课程依据《中等职业学校语文教学大纲》开设，要求学生掌握语文基础知识，掌握日常生活和职业岗位需要的现代文阅读能力、写作能力、口语交际能力，具有初步的文学作品欣赏能力和浅易文言文阅读能力。本课程设置语文综合实践活动，通过创设生活情境和职业情境，提高学生综合运用知识、技能、方法的能力。学生掌握基本的语文学习方法，养成自学和运用语文的良好习惯。加强阅读与鉴赏经典作品的欣赏能力与基础写作能力，以便为学生的继续发展服务	162
6	数学	本课程依据《中等职业学校数学教学大纲》开设，要求学生掌握必要的数学基础知识，培养观察能力、空间想象能力、分析与解决问题能力和数学思维能力，为学习专业知识、掌握职业技能、继续学习和终身发展奠定基础。教学内容由基础模块与拓展模块两个部分构成，基础模块包括：集合、不等式、函数、指数函数与对数函数、三角函数、数列、平面向量、直线和圆的方程、立体几何（选学）、概率与统计初步（选学）；拓展模块包括：三角公式及应用、平面解析几何（椭圆、双曲线、抛物线）、概率与统计	162
7	英语	本课程依据《中等职业学校英语教学大纲》开设，以满足各专业学生就业与升学需求为目标，以融合文化素养、职业技能、语言知识为原则，巩固与延续初中基础英语知识，培养学生听、说、读、写技能，并初步形成日常生活和职业场景的英语应用能力。能听懂和说出简单指令；能读懂简单的应用文及进行简单写作；能理解语法项目的形式与意义，并应用于交际任务；能在交流中做到语音、语调基本达意	162
8	计算机应用基础	本课程依据《中等职业学校计算机应用基础教学大纲》开设，要求学生学习计算机基础知识、Windows桌面操作系统的功能及使用、办公软件的使用、计算机网络的基础知识及使用。通过学习，掌握计算机操作的基本技能，具有常用的文字处理能力、常用的数据处理能力和一定的演示文稿处理能力，具有一定的信息获取、整理、加工能力和网上交互能力，进而为日后的学习和工作打下基础	90

续上表

序号	课程名称	主要教学内容和要求	参考学时
9	体育与健康	本课程依据《中等职业学校体育与健康教学指导纲要》开设，以树立"健康第一"为指导思想，传授体育与健康的基本文化知识、体育技能和方法。学生掌握两项以上体育技能，通过参与集体性体育活动，培养良好的人际关系和合作精神。学习与职业生涯相关的体育运动项目，认识体育对提高就业和创业能力的价值，提高综合职业素质，养成终身坚持体育锻炼的意识、能力与习惯，提高生活质量，为全面促进学生身体健康、心理健康和社会适应能力服务	144
10	公共艺术	本课程依据《中等职业学校公共艺术课程教学大纲》开设，以审美教育为核心，通过艺术作品赏析和艺术实践活动，使学生了解或掌握各种艺术门类的基本知识、技能和原理，认识不同艺术类型的表现形式、审美特征，掌握欣赏艺术作品的方法、要领及规律，增强学生对艺术的理解与分析评判的能力，从而提高学生对艺术的鉴赏力和对美丑的分辨力，净化心灵，陶冶情操，丰富学生的人文素养和精神世界，拓宽学生的审美视野，发展创新思维与合作意识，形成正确的人生观、世界观和价值观，对提升学生今后的生活品质和文化品位有积极的促进作用	36
11	历史	本课程是中等职业学校开设的一门公共基础课程，是在义务教育阶段历史课程的基础上，结合中职学校实际情况，坚持以唯物史观为指导，引导学生对中国及世界历史进行深入的学习，促进学生进一步拓宽历史视野、培养历史意识、发展历史思维、提高历史素养；使学生能够从历史发展的角度理解并认同中华优秀传统文化，自觉培育和践行社会主义核心价值观，树立正确的历史观、世界观和人生观，为学生未来的学习、工作与生活奠定基础	36

2. 专业核心课程（见表1-7）

表1-7 专业核心课程

序号	课程名称	职业能力	主要教学内容和要求	参考学时
1	市场营销基础*	01-03、07-02、07-03、07-04、07-05、10-01、10-02、10-03、10-04、14-01、14-02、14-03、14-04、20-01、20-02、20-03、20-04、23-03、24-01、25-01、25-02、25-03、32-01、32-02、32-03、36-01、36-02、36-03、42-02、42-04	通过本课程的教学，学生能掌握市场营销的概念、STP和4P理论，熟悉消费者行为的特征、SWOT分析法和市场调查的程序，了解市场营销观念和营销人员的基本素养。同时，通过课程的学习，学生能够针对不同的市场需求，开展必要的市场调查并运用SWOT分析法和"五力"模型，选取恰当的营销战略，开展产品设计与开发，并对其进行定价，选取合适的销售渠道，进而开展有效的促销活动	72
2	市场调查实务*	05、06、07-01、07-02、07-03、07-04、07-05、08-01、08-02、45	本课程立足于分小组全面完成一次大型调查的总任务上，要求学生认识市场调查，掌握市场调查在"明确调查任务—设计调查方案—实施调查—调查结果分析"这四个主要工作流程的有关理论知识、方法、设计要点及实施技巧，为后续课程的学习和从事市场调查工作准备必要的基础知识和技能。鉴于本课程的应用性与可操作性非常强，在教学中，应力求打破传统的以讲授为主的教学模式，重视实践教学环节在课程安排中的作用，通过运用案例教学、小组研讨、情景模拟、全真实践和岗位见习等方法，使学生掌握市场调查的基本理论、基本方法和主要技能，培养学生基本的职业素质、职业道德、职业情感和职业能力	36

续上表

序号	课程名称	职业能力	主要教学内容和要求	参考学时
3	商务沟通*	01-02、01-03、14-01、14-02、18-01、18-02、18-03、24-03-03、24-04、24-05、24-06、34-06、43-04、44-02、44-03、44-04、45-01	通过本课程的教学,学生能掌握商务沟通的有关理论知识、方法和技巧,初步具备商务沟通的能力,能灵活运用商务沟通的基本方法和基本技巧,实现有效的组织内外沟通。 鉴于本课程的应用性与可操作性非常强,在教学中,应力求打破传统的以讲授为主的教学模式,重视实践教学环节在课程安排中的作用,通过运用案例教学、角色扮演、小组研讨、情境训练和仿真模拟等方法培养学生的实际操作和运用能力	72
4	网络营销实务*	16-02、17-01、17-02、17-03、17-04、22-01、24-01、24-02、25-01、26-01、35-01、35-02、45-01	通过该课程的学习,学生能掌握网络调研与分析的流程和方法,了解新形势下互联网创新服务的方式和种类,熟悉通过网络工具开发市场、处理订单、管理退货和宣传推广的原则和方法,能够运用网络手段进行市场调查与分析,为客户提供良好服务,引导顾客产生购买行为,同时做好订单管理和退货管理,能从事网络宣传推广活动,具备从事网络营销工作所必须具备的职业素养	72
5	经济法基础	01-03、12-01、13-02、14-01、14-02、14-04、14-05、15-02	通过本课程的教学,学生能系统、准确地理解和掌握经济法律法规的基本内容,熟练运用相关经济法律法规;熟悉经济仲裁与经济诉讼的基本步骤及程序;能对经济纠纷案件做初步的法理分析并得出正确的结论;了解基本法律文书的写作,培养将理论知识运用于实践的能力,提高分析判断能力和学习自主性,同时能通过学法、知法、树立遵纪守法的意识,形成较好的自我约束力	36
6	消费心理基础*	01-01、01-02、01-03、04-01、13-01、13-02、13-03、14-01	通过本课程的教学,学生能了解消费者购买商品的心理过程;掌握消费者心理现象对购买行为的影响;了解不同消费习惯、参照群体、社会文化对消费行为的影响;了解消费者购买行为的类型、特点,掌握不同消费者购买过程中的决策心理差异;掌握品牌、价格、外观、销售策略等属性对消费决策的作用	72

续上表

序号	课程名称	职业能力	主要教学内容和要求	参考学时
7	商品知识	02-01、02-02、02-04、02-05、04-01、07-04、10-02、15-02	通过本课程的教学，学生能识记商品、商品分类、商品标准、商品质量、商品包装和商品养护等基本概念，掌握典型大类商品的条形码识别、标准分析、质量识别与检验、包装、养护方面的基础知识，培养细致严谨、善于沟通与合作的能力，提升系统学习能力和商品经营活动中分析问题和解决问题的能力	72
8	商务礼仪	01-02、01-03、03-03、03-05、14-05、19-01、28-01、44-03、45	本课程主要针对岗位的技能和素质培养要求。通过任务驱动项目活动，学生能熟悉企业常见商务活动场合基本的礼仪规范，并熟悉各类商务活动，养成良好的礼仪修养，在商务场合正确运用体态及表情传达对他人的尊重，培养口头表达及书面表达能力，树立良好的团队意识和沟通谈判能力，锻炼人际沟通能力、组织策划能力和应变能力	36
9	门店运营实务	01-01、01-02、01-03、02、03-01、03-02、03-04、03-05、04-01、04-02、04-03、04-04、05-01、06-01、07-01、07-02、07-03、10-01、10-02、11-01、13-01、16、19、25-01、25-02、25-03、26、27-01、28、29-01、35-01、36-03、41-02、41-03、43、44-04、45-03、45-05、45-08	通过本课程的学习，学生能了解门店员工岗位角色和职责，理解零售业态的种类和演进过程，学会进行商店的选址、卖场的设计，能够进行门店的商品采购，掌握门店的商品陈列、门店的价格管理、门店的服务管理、门店的促销管理、门店的日常作业管理、门店的安全管理等门店运营与管理的实际技能，具备经营与管理一间独立门店的能力。在教学中要根据学生特点，采用行动导向教学法进行教学，注重理论联系实际，加强实践教学，强化基本技能的掌握与训练，积极开展小组教学，提高学习兴趣，切实提高学生的职业技能	72
10	会计基础知识	04-01、04-02、04-03、04-04	通过本课程的教学，学生能了解会计的基本职能和特点；掌握企业财务信息分析的方法；了解会计核算的基本方法，掌握企业决算、预算的相关知识；能进行基本的会计记账、报销工作	72

续上表

序号	课程名称	职业能力	主要教学内容和要求	参考学时
11	物流基础	02-02、02-05、02-07、02-08、04-01、04-02、04-03、04-04、19-05、20-02、25-01、25-02、25-03、26-01、26-02、26-03、27、28-01、28-02、28-03、29-01、31、36-01、36-02、36-03、43、45-01	本课程紧扣现代物流业最基础的宏观整体框架（物流基础知识、物流发展历程及趋势、各种业态物流运作，学生职业生涯规划）出发，循序渐进、简明扼要、条理清晰地介绍现代物流业最核心的框架内容，力求做到体系完整而又突出重点，强化教、学、做一体化的职业教育原则。学生通过本课程的学习，能够全面地、清晰地掌握现代物流业的基本内容，为往后从事物流行业营销工作打好基础	72
12	企业经营认知实践	05-01、06-01、06-04、07-02、07-03、08-02、09-01、09-03	本课程以任务驱动项目为导向，使学生通过参观企业的生产车间，观看生产场景，了解产品的生产流程；参观企业的销售场所，观摩销售情景，了解销售流程，与企业的营销管理人员座谈等，从企业创立、企业经营机制、规章制度、经营创新，企业经营战略到企业经营计划与决策、企业经营业务管理、资源管理、生产管理、质量管理，使学生认知企业经营管理的全过程	60
13	营销技能综合实训	05-01、05-02、06-01、06-03、06-04、07-01	本课程以任务驱动项目为导向，以职业活动为主导，以职业技能为核心，以市场营销典型工作过程为主导将理论与营销技能融为一体，通过营销技能综合实训提升学生营销理论与实践相结合的能力	144
14	项目实习	07-03、07-04、08-02、09-02、09-03	学生通过项目实习，将企业经营管理理论与实践相结合，提升学生的专业综合实际操作能力	540

注：(1)"＊"表示中高职的衔接课程。(2)"职业能力"编码与附录"1. 中高职衔接市场营销专业职业能力分析表"中的编码对应。

3. 商品销售专业（技能）方向课程（见表1-8）

表1-8　商品销售专业（技能）方向课程

序号	课程名称	职业能力	主要教学内容和要求	参考学时
1	推销实务	01-02、03-03、10-01、10-02、15-01、16、18-01、19-02、23、24-02、33-01、35、41、42-01、42-02、44-02、44-03、45-01、45-06、45-08	本课程的任务是使学生了解现代推销认知、推销计划、推销准备、寻找客户、接近客户、推销洽谈、客户异议处理、促成成交、客户管理、推销管理等基本原理内容，熟悉商品推销的步骤，掌握商品推销的基本策略，灵活运用商品推销各种技巧，具有较强的商品推销能力，进而为从事市场营销与推销岗位打下坚实基础	72
2	连锁经营实务	01-01、02-01、02-02、02-03、02-04、02-05、02-06、02-07、03-03、04-01、04-02、04-03、15-01、19-01、19-02、20-02、21-01、25-01、25-02、26-01、27、28-01、29-01、31-03、45-01、45-05、45-07、45-08	通过该门课程的学习，学生要了解连锁经营实务的基本理论知识，熟悉连锁经营活动的流程及岗位要求，明确连锁经营的重要性，掌握连锁经营管理的基本原理和技巧，具备卖场商品管理、卖场损耗管理的能力，能够进行周期盘点，学会填各类数据报表，掌握服务礼仪，能够进行订单沟通与落实、跟踪，货款跟进，能够组织商品促销活动。该门课程重点培养学生分析问题、解决问题的能力，提升学生创造性能力的培养，以便为后续发展职业能力奠定良好的基础	72
3	商品展示与促销	01-01、02-01、02-02、03-01、03-02、03-03、10-03、19-02、19-03、21-01、23-02、28-01、29-01、35-01、41-01、41-02、45-01、45-05、45-08	通过该课程的学习，学生了解分析产品及市场的方法，能够讲述公司发展历史、介绍产品、进行市场分析；熟悉卖场陈列的原则和方法，能够运用所学知识进行卖场商品管理；熟悉并内化服务宗旨，掌握销售服务流程和销售服务技巧，能够为客户提供良好的销售服务；能够撰写促销和宣传推广方案，并与其他同事合作组织促销活动及宣传推广活动；同时具备商品展示与促销所需要的职业素养	72

4. 客户服务技巧专业（技能）方向课程（见表1-9）

表1-9 客户服务技巧专业（技能）方向课程

序号	课程名称	职业能力	主要教学内容和要求	参考学时
1	客户服务技巧	01-01、01-02、01-03、19-01、20-01、20-04、26-01、26-02、26-03、28-03、39-01、39-02、39-03、44-01、44-02、44-03、44-04、45	本课程的教学以实际工作内容为出发点，结合实例，培养学生的服务意识，让学生掌握服务礼仪。了解与掌握客户沟通和服务技巧；掌握应对客户抱怨和投诉的沟通技巧；掌握相关岗位的职业要求，提升学生在相关岗位的职业能力和职业素养。 能利用网络挑选客户，发布促销信息，能跟踪海报投递，使用问卷调查，组织促销回访；能运用办公软件及办公设备；能利用网络搜集客户信息；能及时更新客户资料。能阅读电子目录；能根据情境分析判断并及时反馈信息；能对数据进行评价和分析；能制订满意度调查计划，对大客户不定期进行关系维护；能跟踪客户库存系统信息，分析客户库存周转合理性	72
2	客服数据管理	16-01、16-02、16-03、16-04、21-01、21-02、21-03、26-01、31-01、31-02、33-01、44-04、45-01、45-02、45-03、45-04、45-06、45-07、45-08、45-09	本课程主要立足于客户数据的管理分析，在掌握搜集客户信息，建立客户档案的基础上。通过对产品与服务的熟悉，运用数据管理系统CRM系统、Excel表对数字进行处理，熟悉Excel表应用，掌握OA系统的应用。培养对数字的敏感性，能对数据进行评价和分析，能根据情境分析判断并及时反馈信息。熟悉各类报表指标内容，掌握填写日报、周报、月报表，掌握运用Excel等办公软件制作日报、周报、月报、季报、年报，制作信息回馈表及其他表格。能主动提出合理化建议解决工作问题。掌握售前咨询，客户投诉处理方法。 每个项目按照"教、学、做"一体化的流程完成，形成项目成果，所有项目的成果最后合并成为一份完整的客户数据管理策划书	72

续上表

序号	课程名称	职业能力	主要教学内容和要求	参考学时
3	客户关系维护	01－02－01、01－02－02、01－03－01、01－03－02、33－01－01、33－01－02、33－01－04、33－01－05、33－02－01、33－02－02、33－03－02、33－04－01、33－04－02、39－01－02、39－02－01、39－02－02、39－02－03、45－04－03、45－05－01、45－06－01、45－06－02、45－07－01、45－07－03	本课程紧扣市场营销类专业人才培养需要，循序渐进、简明扼要、条理清晰地梳理客户关系维护的核心框架内容，力求做到体系完整而又突出重点，强化教、学、做一体化的职业教育原则，使学生通过本课程的学习，能够全面地、清晰地掌握客户关系维护的思路和方法、操作技能，为就业或升学打下良好的基础	72

注："职业能力"编码与附录"1. 中高职衔接市场营销专业职业能力分析表"中的编码对应。

（二）高职学段课程内容及要求

1. 公共基础课程（见表1-10）

表1-10 公共基础课程

序号	课程名称	主要教学内容和要求	参考学时
1	思想品德修养与法律基础	本课程是高职院校学生进行思想道德和法制观念教育的必修课，通过该课程的理论学习和实践体验，帮助学生形成正确的理想信念，弘扬爱国主义精神，确立正确的人生观和价值观，加强思想品德修养，增强学法、守法、用法的自觉性，全面提高思想道德素质和法律素质，使学生成为品学兼优的社会主义现代化建设应用型人才	72
2	毛泽东思想和中国特色社会主义理论体系概论	本课程主要对学生进行中国特色社会主义理论与实践教育，使学生能够正确地理解和掌握毛泽东思想、中国特色社会主义理论的科学体系、精神实质和立场、观点、方法，树立建设中国特色社会主义的坚定信念，培养运用马克思主义的立场、观点和方法分析问题和解决问题的能力，增强执行党的基本路线和基本纲领的自觉性和坚定性，积极投身全面建成小康社会的伟大实践	72

续上表

序号	课程名称	主要教学内容和要求	参考学时
3	形势与政策	本课程通过了解国际、国内形势，使学生全面正确认识党和国家面临的形势和任务，正确认识世情、国情、党情，正确理解并拥护党的路线、方针和政策；增加学生的爱国主义责任感和使命感，不断提高学生的爱国主义和社会主义觉悟；增强实现改革开放和社会主义现代化建设宏伟目标的信心和社会责任感，提高当代学生投身于国家经济建设事业的自觉性和态度，明确自身的人生定位和奋斗目标	36
4	高等应用数学	通过本课程各个环节的教学，使学生获得必需的数学知识，逐步培养学生的抽象思维能力、逻辑推理能力、空间想象能力和自学能力。主要内容包括：函数、极限、连续，一元函数微分学、一元函数积分学、向量代数与空间解析几何学、多元函数微分学、多元函数积分学、无穷级数与常微分方程等。以便为学习后继课程和进一步获得数学知识奠定必要的数学基础	72
5	英语	本课程以培养学生实际应用英语的能力为目标，侧重职场环境下语言交际能力的培养，使学生逐步提高用英语进行交流与沟通的能力。同时，使学生掌握有效的学习方法和策略，培养学生的学习兴趣和自主学习能力，提高学生的综合文化素养和跨文化交际意识，以便为提升学生的就业竞争力及未来的可持续发展打下必要的基础	144
6	计算机应用基础	本课程在中职"计算机应用基础"课程的基础上，进一步学习计算机、计算机网络、信息安全等方面的基础知识和办公软件高级应用，学习多媒体基础知识及使用、网页基础知识及使用。通过学习，提高计算机应用综合素养，提高办公软件高级应用技能，具有简单处理图像、声音、视频等多媒体的能力，简单的静态网页制作与发布能力	72
7	体育	本课程以身体锻炼为主要手段，通过合理的体育与健康教育和科学的体育锻炼过程，以达到增强体质、增进健康和提高体育素养为主要目标。课程主要涉及体育与健康的基本理论、田径、球类、武术、运动保健等内容，通过学习，使学生掌握各专项运动的基本知识、技术和技能；加强身体全面训练，改善身体形态、机能，提高学生的身体素质和运动能力，增进健康；掌握科学锻炼身体的方法和保健养生及运动损伤预防常识	72

续上表

序号	课程名称	主要教学内容和要求	参考学时
8	就业指导与职业生涯设计	本课程是关于职业启蒙、职业目标、职业意识、求职技巧和创业准备的应用型课程，教学目的是培养学生的社会能力和方法能力，提高其可雇用能力。让学生理解职业与成才的关系、理解职业生涯设计的意义和基本内容，让学生学会认识自己和社会，初步完成职业生涯设计；让学生初步形成职业意识，学会初到企业的通用的行为规范，学会处理企业中的人际关系；让学生初步学会求职申请和面试的基本技巧	36
9	创新创业基础	本课程是创新创业梯级课程体系的基础启蒙课程，主要任务是培养学生创新精神与创业意识，教授学生创业知识、锻炼创业能力。以创业者素质要求→评估创业机会→创建企业→创业过程管理→创业企业发展为主线，通过本课程学习，学生掌握开展创业活动所需要的基本知识，认知创业的基本内涵和创业活动的特殊性，辩证地认识和分析创业机会、创业资源、创业计划和创业项目；具备必要的诚信力、决策力、管理力、创建力和社交力等素质，掌握创业资源整合与创业计划撰写的方法，熟悉新创企业的开办流程与管理，提高创办和管理企业的综合素质和能力；树立科学的创业观，主动适应国家经济社会发展和个体的全面发展需求，正确理解创新创业与职业生涯发展的关系，自觉遵循创新创业规律，积极投身创新创业实践	36

2. **专业核心课程**（见表1-11）

表1-11 专业核心课程

序号	课程名称	职业能力	主要教学内容和要求	学时
1	市场营销*	01、02、03、05、06、07、08、11、12、20、21、27、30、39	了解市场营销学性质和对象及市场营销的发展历程含义，掌握市场营销观念，能制定企业战略及规划内容与程序；能够进行SWOT分析、STP市场细分、选择与定位；了解消费者行为分析；市场调研与预测；掌握企业竞争策略，营销组合产品、价格、渠道和促销策略，市场营销计划实施与控制	72

续上表

序号	课程名称	职业能力	主要教学内容和要求	学时
2	市场调研与预测*	04-01、05、06、07-01、07-02、07-03、09、11、14-01、19-01、22-01、43-01	本课程是经济管理类专业的一门专业必修课程，是市场营销专业的核心课程之一。课程开设的目的旨在通过工学结合的培养模式和理实一体化的教学模式，使学生树立起现代的市场调查与预测理念以及再学习能力，熟练地掌握现代市场调查与分析预测技术，为企业的经营管理服务。具体是能够掌握市场调查方案设计、市场调查问卷设计、市场调查方法运用、市场调查资料整理、市场调查资料分析、市场预测、市场调查与预测报告等工作岗位的技能。通过本课程教学，使学生掌握现代企业在经营管理决策中开展市场调研与预测的基本知识、实用的操作技能；使学生具有良好的职业道德、可持续发展的能力的高技能的市场调研与预测人才，进而满足市场对市场调研与预测人才的需求	72
3	商务谈判*	07、14、16、20、21、26、27、28、31、33、35、41、42、43	本课程是营销专业学生必修的一门专业核心课程，在学习"市场营销"基础上进一步学习本门课程，其任务是使学生在了解商务谈判基本工作过程的基础上，以任务为驱动项目导向，掌握商务谈判的基础理论和基本方法，以日用品、选择商品和涉外产品为主体，培养学生正确运用常见的谈判策略与技巧，分析商务风险、控制谈判进程、分析与处理合同纠纷。学生应能够运用各种让步策略运用利用限制性因素、以攻对攻等谈判技巧；在了解商务活动风险基础上，驾驭商务谈判过程各阶段过程与各种谈判策略与技巧	54
4	电子商务*	01、02、03、05、08、10、13、23、42-01、43	通过本课程的学习，学生在"网络营销"课程学习的基础上，学习电子商务活动的策划与管理能力，掌握电子商务交易、电子商务平台运营与维护、互联网领域市场分析与营销策划、网页制作、网站管理等相关能力，能进行电子商务实际运作和管理，具有网上分析和解决营销问题的基本能力	52

续上表

序号	课程名称	职业能力	主要教学内容和要求	学时
5	消费者行为分析*	01-01、03-01、06-01、07-02、09-01、10-01、13-01、14-01	本课程是市场营销专业核心课程，通过消费者行为研究、问题认知、信息搜集、评价购买、购后行为及消费者资源和购买动机，消费者知觉、学习、记忆与购买行为；消费者态度形成与改变、消费者个性、自我概念与生活方式、文化与消费者购买行为、社会阶层与消费行为、社会群体与消费行为、口传流行与创新扩散、情境等消费者行为进行分析	54
6	现代企业经营管理	05-01、06-01、06-02、06-03、06-04、09-01、12-01、13-01、14-01、15-01	本课程是市场营销专业的核心技能课程，以能力为本位，以就业为导向，以现代企业经营管理的实际需要出发，以企业经营活动开展为主线，从企业创立到企业经营活动中涉及的各种要素，全面反映了企业经营管理的全过程，按"理论讲透、实务足够、案例同步实训到位"的原则，通过企业创立、制定企业经营规章制度、经营计划与决策、选择企业经营战略、企业经营业务规划与管理、现代企业经营资源管理、生产管理和企业质量管理等多项工作任务，训练学生现代企业经营管理能力，突出学生职业能力的培养和训练，以便为学生未来职业生涯发展奠定良好基础	54
7	个人与团队管理	05-01、09-01、15-01、15-02、28-01、32-01、34-03、35-01	通过本课程的学习，了解团队定义发展史、要素与特点；团队建设过程、学习团队新语言；熟悉团队中角色与行为模式、领导方式；构建团队精神共同目标；团队日常管理，团队支柱——领导人，团队考评与激励；高层团队建设，团队学习组织等	36
8	财务管理	01-04、01-09、11-01、19-01、23-01、25-01、29-01	知识结构：（1）具有高职专门人才必备文化基础知识。（2）掌握从事财务管理所必需的专业理论和操作技能。（3）能熟练操作计算机，了解财务管理知识。 了解社会主义市场经济的基本规律，了解我国财经方针、政策和法规，能分析财务管理工作中的实际问题，能处理财务管理的一般纠纷。具备基本的财务管理知识及较强的组织策划和管理能力，具备良好的语言表达和沟通能力；具有一定外语听、说能力；掌握财务管理工作所应具备的基本知识，掌握财务管理工作应具备语言文字和数字计算，能正确撰写财务管理应用文	54
9	顶岗实习	—	—	≈500

注：（1）"*"表示中高职的衔接课程。（2）"职业能力"编码与附录"1. 中高职衔接市场营销专业职业能力分析表"中的编码对应。

3. 营销策划专业方向课程（见表1-12）

表1-12 营销策划专业方向课程

序号	课程名称	职业能力	主要教学内容和要求	参考学时
1	营销策划	01、07、08、17、20、22、26、29、30、33、34、36、41、43	营销策划是市场营销专业必修课程，主要研究和阐述市场营销基本理论和实践。通过本课程的学习，学生应在掌握营销策划理论和基本方法的基础上充实与完善学生知识结构、训练营销策划实战能力，为毕业后能从事并胜任市场营销策划工作提供良好的知识储备与能力训练	54
2	广告策划实务	01、03、04、05、06、07、08、11、12、13、14、19、20、21、22、33、40、43	广告策划实务课程是市销专业技能课。通过本课程学习，应使学生在"理论够用"基础上，灵活进行产品广告促销活动策划及实施，应在熟悉广告基本原理和广告运作过程中，掌握广告策划程序、广告创意思维及撰写广告文案等，并能完成广告策划方案实施	54
3	公共关系	01-03、01-05、01-06、12、16、17-01、18-01、20-01、28-01、29-01、33-01、43	掌握公共关系定义、公共关系目标、公共关系基本原理和常见公关模式、公共关系基本原则、公共关系程序，了解公关机构的设置、对公关人员的要求等。通过对本课程的学习，学生能掌握公关的一些方法和技能，并能开展一些公关活动及解决一些公关问题	36

注："职业能力"编码与附录"1. 中高职衔接市场营销专业职业能力分析表"中的编码对应。

4. 销售管理专业方向课程（见表1-13）

表1-13 营销管理专业方向课程

序号	课程名称	对接职业能力	主要教学内容和要求	参考学时
1	销售管理	01-01、01-11、03-01、04-01、17-01、18-01、19-01、20-01、21-01、22-01、23-01、26-01	销售管理是市场营销专业开设的新兴专业学的课程，是一门建立在市场营销管理理论基础上的应用型学科，有较强的实践性。主要介绍销售管理含义、模式、原理和管理中的道德等销售管理基础知识和销售规划、销售对象、销售人员和销售过程管理等内容，该课程教学既要重视销售管理理论，又要突出它的应用性和实践性，还注重学生专业技能的培养	54

续上表

序号	课程名称	职业能力	主要教学内容和要求	参考学时
2	商品陈列与管理	01-01、02-01、03-01、04-01、07-04、13-01、13-03、14-01、18-01、19-01、23-01、25-01	商品陈列与管理是企业市场营销过程重要业务活动，作为销售促进的一个组成部分，商品陈列与管理不仅是企业促进销售的重要广告技巧之一，也是生产企业通过零售终端展示企业与产品形象的公关活动，实现销售；通过本课程的学习使学生在掌握产品陈列原则、构成要素等，了解商品陈列与管理中常见商品陈列方法与技巧基础上能对实际商品陈列进行分析与评价	54
3	渠道管理	01-04、13、14、10、18、20、21、23、25、26、30、43	本课程是市场营销专业方向课程，通过本课程的学习，学生可以掌握分销渠道管理的基本原理和方法，树立科学的管理理念，熟悉中外分销渠道管理业务发展趋势，为进一步学习其他专业课和为今后的实际管理工作奠定基础	36

注："职业能力"编码与附录"1. 中高职衔接市场营销专业职业能力分析表"中的编码对应。

十、教学安排

（一）中职学段教学安排（见表 1-14）

表 1-14 中职学段教学安排

课程类别		课程名称	学分	总学时	各学期周数、学时分配					
					1	2	3	4	5	6
					18	18	18	18	18	18
公共基础课程	必修课	职业生涯规划	2	36	2					
		职业道德与法律	2	36		2				
		经济政治与社会	2	36			2			
		哲学与人生	2	36				2		
		语文	9	162	4	2			3	
		数学	9	162	4	2			3	
		英语	9	162	4	2			3	
		计算机应用基础	5	90	3	2				

续上表

课程类别		课程名称	学分	总学时	各学期周数、学时分配					
					1	2	3	4	5	6
					18	18	18	18	18	18
公共基础课程	必修课	体育与健康	8	144	2	2	2	2		
		公共艺术	2	36		2				
		历史	2	36			2			
		已安排课程小计	52	936	16	15	8	4	9	
		……	…	…	…	…	…	…	…	…
		小计		1 100						
专业课程	专业核心课程	市场营销基础*	4	72	4					
		市场调查实务*	2	36					2	
		消费心理基础*	4	72				4		
		商品知识	4	72			4			
		经济法基础	2	36		2				
		商务沟通*	4	72				4		
		网络营销实务*	4	72					4	
		商务礼仪	2	36	2					
		门店运营实务	4	72			4			
		会计基础知识	4	72				4		
		物流基础	4	72				4		
		企业经营认知实践	2	60			2			
		营销技能综合实训	8	144					8	
		项目实习	18	540						20
		已安排课程小计	66	1 428	6	10	12	10	8	20
		……	…	…	…	…	…	…	…	…
		小计		1 500						
	商品销售专业（技能）方向课程	推销实务	4	72				4		
		连锁经营实务	4	72				4		
		商品展示与促销	4	72					4	
		已安排课程小计	12	216				8	4	
		……	…	…	…	…	…	…	…	…
		小计		400						

续上表

课程类别		课程名称	学分	总学时	各学期周数、学时分配					
					1	2	3	4	5	6
					18	18	18	18	18	18
专业课程	客户服务专业（技能）方向课程	客户服务技巧	4	72				4		
		客户数据管理	4	72				4		
		客户关系维护	4	72					4	
		已安排课程小计	12	216				8	4	
		……	…	…	…	…	…	…	…	…
		小计		400						
任选课		……		200	……	……	……	……	……	……
已安排课程合计			130	2 580	22	25	20	22	21	20
		……								
合计			170	3 200	28	28	28	28	28	30

注：（1）中职学段总学时数为 3 000 ~ 3 300 学时，公共基础课学时不少于 1/3，专业核心课程占 1 400 ~ 1 500 学时，专业（技能）方向课程占 300 ~ 400 学时。（2）"＊"表示中高职的衔接课程。（3）"项目实习"由中高职对口院校共同商讨实习内容、形式和时间，包括项目工厂实习、工作室实习等多种形式，原则上安排在第六学期进行。（4）总学分不少于 170 学分，含军训及入学教育、社会实践、毕业教育等活动的学分。

（二）高职学段教学安排（见表 1 – 15）

表 1 – 15 高职学段教学安排

课程类别	课程名称	学分	总学时	各学期周数、学时分配			
				1	2	3	4
				18	18	18	18
公共基础课程	思想品德修养与法律基础	4	72	2	2		
	毛泽东思想和中国特色社会主义理论体系概论	4	72				4
	形势与政策	2	36	1	1		
	高等应用数学	4	72	4			
	英语	8	144	4	4		
	计算机应用基础	4	72	4			
	体育	4	72	2	2		
	就业指导与职业生涯设计	2	36	1		1	
	创新创业基础	2	36	2			
	已安排课程小计	34	612	16	13	5	

续上表

课程类别		课程名称	学分	总学时	各学期周数、学时分配			
					1	2	3	4
					18	18	18	18
		……	…	…	…	…	…	…
		小计		650				
专业课程	专业核心课程	现代企业经营管理	4	72			3	
		市场营销*	4	74	4			
		市场调研与预测*	4	68	4			
		商务谈判*	4	72			3	
		消费者行为分析*	3	54				3
		电子商务*	3	52				3
		个人与团队管理	2	36				2
		财务管理	3	54				3
		顶岗实习	18	≈500				26
		已安排课程小计	43	950	8	6	11	26
		……	…	…	…	…	…	…
		小计		1 100				
	营销策划专业方向课程	营销策划	3	54			3	
		广告策划实务	3	54			3	
		公共关系	3	54		2		
		已安排课程小计	8	144		2	6	
		……	…	…	…	…	…	…
		小计		300				
	销售管理专业方向课程	销售管理	3	54			3	
		商品陈列与管理	3	54			3	
		渠道管理	3	54		2		
		已安排课程小计	8	144		2	6	
		……	…	…	…	…	…	…
		小计		264				
		已安排课程合计	85	1 850	24	23	22	26
		任选课	…	150~200	…	…	…	…
		合计	≥90	≈2 200	22~26	22~26	22~26	22~26

注：(1) 高职学段总学时数为2 000学时，公共基础课程学时不少于1/3，专业核心课程占1 000~1 100学时，专业方向课程占200~300学时。(2) "*"表示中高职的衔接课程。(3) "顶岗实习"包括毕业实习、毕业设计等多种形式，原则上安排在第六学期进行。(4) 总学分不少于90学分，含军训及入学教育、社会实践、毕业教育等活动的学分。

十一、教学基本条件

（一）师资条件

本专业需要一支数量适度、结构合理、任职资格适宜的师资队伍。

1. 中职学段

（1）专任教师具有高尚的师德和道德情操，热爱中职教育事业，有强烈的上进心和工作责任感。

（2）师生比例不低于1∶20，专任教师必须具备本专业或大类相近专业大学本科以上学历，具备中等职业学校教师从业资格，至少有2名以上教师具有本专业中级以上职称。

（3）专任教师具有"双师"资格的比例不低于60%。

（4）专任实训指导教师应具备初级以上专业技术职称或高级以上职业资格证书。

（5）与行业、企业联系紧密，密切了解和关注行业的发展和变化趋势，聘请企业兼职教师数量不少于专任教师总数的25%。

（6）具备较强的社会活动能力，能帮助学生完成教学实习、顶岗实习等实践环节的学习。

2. 高职学段

（1）校内专职教师要求。专任教师师生比例应达到1∶18。主讲教师应具备本专业或相近专业硕士研究生以上学历（含硕士）；应接受过职业教育教学方法论培训，具有企业开发职业教育课程的能力；具有讲师以上职称和技师以上技能证书。实操指导教师具备本专业或相近专业大学专科以上学历（含本科）；具有二级营销师以上资格证书，且有5~8年丰富的市场营销从业经验。

（2）企业兼职教师要求。兼职教师授课比例达20%~30%。企业兼职教师应具备大学本科以上学历，具有高级技能证书，需要在相应职业岗位工作8年以上，具有丰富的从业经验、培训经验和管理经验。

（二）实训实习条件

本专业应配备校内实训室和校外实训基地。

1. 校内实训室

校内实训实习必须具备商品零售实训室、门店运营实训室、营销实务实训室、商务谈判/沟通实训室、企业沙盘模拟实训室、市场营销实训室、网络营销实训室等，主要设施、设备及数量。（见表1-16）

表 1-16　校内实训室主要工具和设施设备

序号	学段	实训室名称	主要工具和设施设备		
			名称	规格	数量
1	中职	商品零售实训室	货架	通用设备	10 套
			收银机	通用设备	5 台
			商品销售及管理软件	教学软件	1 套
			收银台	通用设备	5 台
			商品	—	50 种以上
			计算机	通用设备	5 台
2		门店运营实训室	计算机	通用设备	30 台
			办公桌椅	通用设备	30 套
			文件柜	通用设备	5 个
			传真机	通用设备	1 台
			扫描仪	通用设备	1 台
			音响	通用设备	1 套
			投影仪	通用设备	1 套
			服务器	通用设备	1 台
			门店运营软件	教学软件	1 套
3		营销实务实训室	计算机	通用设备	5 台
			办公桌椅	通用设备	5 套
			营销沙盘		5 个
			多功能工作桌（谈判、会议、POP 制作）		5 张
			投影仪		1 套
			服务器		1 部
			交换机		1 部
			营销实务管理软件		1 套

续上表

序号	学段	实训室名称	主要工具和设施设备		
			名称	规格	数量
1	高职	商务谈判实训室	多功能谈判桌	通用设备	1 张
			投影仪麦克	通用设备	30 台
			投影仪	通用设备	1 台
			办公桌椅	通用设备	30 套
			文件柜	通用设备	4 个
2		企业沙盘模拟实训室	沙盘模拟软件	实训软件	1 套
			椅子	通用设备	50 张
			计算机	通用设备	10 台
			服务器	通用设备	1 台
3		门店运营实训室	连锁经营实训软件	通用设备	1 套
			计算机	通用设备	30 台
			服务器	通用设备	1 台
4		商务沟通实训室	计算机	通用设备	30 台
			服务器	SPSS 软件	1 台
5		市场营销实训室	计算机	通用设备	30 台
			服务器	通用设备	1 台
			市场营销技能竞赛软件	通用设备	1 套
6		网络营销实训室	计算机	通用设备	50 台
			服务器	通用设备	1 台
			多媒体设备	通用设备	1 套

为满足"三二分段"方向课程教学需要，根据实际情况，中职学校必须具备商品零售实训室、门店运营实训室、营销实务实训室。

为满足"三二分段"核心课程教学需要，高职院校必须具备门店运营实训室、商务谈判实训室、商务沟通实训室、企业沙盘模拟实训室、市场营销实训室、网络营销实训室。

实训设备台（套）按照每台5～6人配比，在实验设备台数不足情况下，教学组织实施可按照大班教学、小班实训的方式（即小班为25～30名学生、大班为50～60名学生）来实现。

2. 校外实训基地

校外实训应选取有一定商业氛围基础的商圈，面积适中，实训设备设施配置合理，能够承担包括商品销售、店面运营、营销实务操作等多功能营销训练的企业。

设立企业专家和专业教师共同组成的专业指导委员会（或校企合作办公室），按照"立足本地、辐射周边"指导思想，与企业深度合作，签订合作协议，满足学生校外实训需求。企业实训基地数量上按低于10∶1（生企比例）的标准配套。

实习企业具有能够满足学生实习（实训）要求的条件，如能提供与学生专业实践教学和技能训练相关的工作岗位及工作任务，保证合格的企业指导和学生半年以上实训时间等。

十二、教学实施建议

（一）教学要求

公共基础课在教学过程中，要符合教育部有关教育教学基本要求，针对中高职衔接生源，应注重文化基础课程的教学质量，重在培养学生基本科学文化素养、服务学生专业学习和终身发展，突出"以学生为中心"理念，强调探究性学习、互动学习、协作学习等多种学习策略，充分调动学生学习积极性，做到学以致用，为学生综合素质的提高、持续学习能力的提升、职业能力的形成和可持续发展奠定基础。

（二）教学评价

所有必修课和学生选定的选修课等，均在教学过程中或完成教学目标时进行知识和技能考核，合格者取得该课程学分，考核中不仅关注学生对知识的理解和技能的掌握，更要关注知识在实践中运用与解决问题的能力水平，重视规范操作、安全文明生产等职业素质的形成，节约能源、爱护实训设备，树立保护环境意识与观念。

课程考核以形成性考核为主，评价体系包括：笔试、实践技能考核、岗位绩效考核、职业资格技能鉴定、企业认证考核、职业技能竞赛等多种考核方式。根据不同课程的特点，每门课程评价可以采用一种或多种考核方式相结合的形式进行。

（三）教学管理

教学管理过程中要具有一定的规范性和灵活性，能够合理调配教师、实训室和实训场地等教学资源，为课程的实施创造良好的条件，加强对教学过程质量监控，促进教师教学能力的提升，保证教学质量。

教学管理一般是在主管院（校）长领导下，实行学院（校、系、部）两级负责。教学管理主体主要通过以下形式进行：

（1）建立教学管理组织协调系统，专业教研室配合教务处（科）、系（部）对日常课堂教学及教学建设工作进行管理和监控，及时解决教学中出现的问题。

（2）学院（校）、系（部）两级督学系统，聘请有丰富教学经验和教学管理经难的老教师、退休教学管理人员组成院校两级督学小组，以便实现"督教、督学、督管"。

（3）建立学生课堂教学反馈系统。每学期期中召开教学质量座谈会，反馈教学过程中存在的问题。学期末，由学生会组织学生填写"课堂教学效果反馈表"对所有任课教师的教学效果进行反馈。

（4）建设网络教务反馈系统，通过网络获取教学信息。每学期以系部为单位，综合各种渠道的检查结果和反馈结果，采取先定量后定性办法，对所有任课教师的教学效果和质量进行评价。评价结果经分院（系）审核后，将结果存入教师教学工作档案，从而作为教师晋升、评优的重要依据。

十三、其他

（1）本专业教学标准由广东省商业职业技术学校、广东农工商职业技术学院、广东省营销学会等单位牵头组建的项目团队联合研制而成，同时得到了广东省教育研究院职业教育研究室专家们的悉心指导。

（2）各中高职院校在实践应用中，可以本专业教学标准为基础，除本专业教学标准所制定的专业核心课程和专业方向课程外，亦可根据本地区营销行业企业人才需求的具体情况和院校市场营销专业人才培养目标定位，自主设置一些特色课程，如"房地产营销实务""汽车营销实务"等。

十四、开发团队

（一）参与项目开发的行业技术专家团队（见表1-17）

表1-17　参与项目开发的行业技术专家团队

序号	姓名	工作单位	职称、职务
1	张欢欢	广州家乐福有限公司	人力资源经理
2	张珀维	广东省营销学会	秘书长
3	唐娟	好又多	人力资源经理
4	罗芳	建峰索具有限公司	业务经理
5	王畅标	广州零点市场调查有限公司	资源部主管
6	刘欠红	广东营销人俱乐部	执行秘书长
7	谭树锐	广州市现代办公设备行业商会	会长
8	蔡厚媛	广东广垦绿色农产品有限公司	人力资源经理
9	魏志琴	广州市壹站汇艺术发展有限公司	营销经理
10	刘慧玲	广州市壹站汇艺术发展有限公司	营销总监
11	刘孟凡	广州中隆商贸发展公司	副总经理
12	陈升旺	广州家乐福有限公司	经理
13	江国民	意大利CANDY集团金羚电器有限公司	营销总监
14	曾少斌	广州稷下学宫企业管理咨询有限公司	总经理
15	肖化楚	广东奥马电器股份有限公司	总经理助理
16	李亚梅	广东康达威经济发展有限公司	经理

(二) 参与项目开发的学校教师团队（见表1-18）

表1-18　参与项目开发的学校教师团队

序号	姓名	工作单位	职称、职务
1	曾　洁	广东省商业职业技术学校	高级讲师、副校长
2	张丽华	广东农工商职业技术学院	副教授、专业带头人
3	梁雪贤	广东省商业职业技术学校	高级讲师、专业带头人
4	肖　红	中山职业技术学院	副教授、经管系党支书
5	张晓青	广州番禺职业技术学院	副教授
6	周淑敏	广东水利电力职业技术学院	副教授
7	潘　彤	广东女子职业技术学院	副教授
8	李满玉	广东省财经职业技术学校	高级讲师、专业带头人
9	黄　锋	广东省经济贸易职业技术学校	讲师、专业带头人
10	张　涛	东莞市商业学校	高级讲师、专业带头人
11	肖剑锋	广东省财政职业技术学校	高级讲师、专业带头人
12	王宝达	广东省石油化工职业技术学校	高级讲师、专业带头人
13	杜耀国	广东省商业职业技术学校	讲师
14	张　艳	广东省商业职业技术学校	讲师
15	李虹云	广东农工商职业技术学院	讲师
16	钟杨华	广东省商业职业技术学校	讲师

下　篇
中高职衔接市场营销专业课程标准

中职学段：市场营销基础课程标准

一、课程名称

市场营销基础。

二、适用专业

既适用于中高职衔接的中职市场营销专业，又适用于中职的市场营销专业、电子商务专业、物流服务与管理专业。

三、课程性质

专业核心课程、项目课程、技能训练课程。

四、课程设计

本课程秉承"以学生为中心"的教育理念，主要立足于市场营销的基本理论，以学生职业岗位需求为导向、以专业设计为引领、以操作能力为主线，按照"了解营销理念—分析营销环境和消费者行为—分析竞争对手—选择营销战略—制定营销策略—服务营销管理"，将课程设计按照能力掌握的难易程度以循序渐进的方式组合，由浅入深，从易到难地培养学生的市场营销能力。

每个项目按照"教、学、做"一体化的流程完成，以达到项目学习效果。

五、课程教学目标

1. 认知目标

（1）熟悉市场营销活动的基本流程。

（2）掌握市场要素、市场营销环境、消费者购买行为、市场调查、营销战略、营销策略等基本营销理论知识。

（3）能够进行市场调查与分析、目标市场选择、营销策略选择等相关技能操作。

2. **能力目标**

（1）能够根据教师发布的实训任务，以小组形式设计出符合市场调查目的的调查问卷，全面地分析市场环境以及消费者行为，并在市场细分的基础上，正确选择目标市场。

（2）能够正确分析产品特点，并恰当地选择产品策略，选择销售渠道，开展有效的促销活动。

3. **情感目标**

本课程培养学生吃苦耐劳的意志品质，优秀的职业素养，良好的沟通、协调能力，可持续发展的学习能力，以及团队协作意识与创新精神。

六、参考学时与学分

参考学时：72 学时。

参考学分：4 学分。

七、课程结构（见表 2-1）

表 2-1　市场营销基础课程结构

序号	学习任务 （单元、模块）	职业能力	知识、技能、态度要求	教学活动设计	学时
1	认识市场营销活动	01-03、45-03	（1）认识市场营销的重要性 （2）认识市场营销观念，能够灵活运用营销观念分析、评价企业的现状 （3）掌握市场营销管理活动的程序	活动一：市场营销认知比较分析市场营销与推销的区别 活动二：举例说明或情景演示各阶段的营销观念	6
2	市场营销环境及购买行为分析	23-03	（1）能够举例分析说明某企业的宏观环境 （2）能够举例分析说明某企业的微观环境 （3）能够通过环境分析，说明该企业的营销机会和营销威胁 （4）能够根据影响市场购买行为的主要因素分析消费者购买行为	活动：分小组进行创业机会分析 要求： （1）确定创业项目 （2）分析说明影响该创业项目的宏观环境因素及微观环境因素 （3）通过环境分析，说明该创业项目营销机会和营销威胁 （4）评选出最优秀的创业项目	6

续上表

序号	学习任务（单元、模块）	职业能力	知识、技能、态度要求	教学活动设计	学时
3	进行市场调查	07-02、07-03、07-04、07-05、10-01-01、32-01、42-04、45-02	（1）明确市场调查的步骤 （2）灵活运用市场调查的方法 （3）掌握调查问卷的设计技能 （4）能根据市场调查收集到的信息资料进行分析总结	活动一：分小组设计调查的内容（包括调查的主题、对象、范围、方式、方法及问卷的设计） 活动二：各小组根据设计的调查内容进行正式调查 活动三：各小组对调查资料进行统计分析	8
4	制订市场营销战略与计划	10-02、10-03、10-04、32-01、32-03、32-04、45-03	（1）能够列举出市场营销战略的特征与要素 （2）能够列举出市场竞争战略的工具与类型 （3）能够理解和掌握波士顿咨询公司分析法、多因素投资组合矩阵法的运用 （4）能够进行市场营销计划的实施和控制	活动一：搜索案例，利用波士顿咨询公司分析法分析企业 活动二：搜索案例，利用多因素投资组合矩阵法分析企业业务 活动三：撰写一份市场营销计划 要求： （1）各小组进行PPT演示 （2）选出优秀的市场营销计划书	8
5	市场定位决策	10-01-02、10-01-03、24、32-02	（1）能够举例分析某企业市场细分的依据 （2）掌握市场细分的方法和程序 （3）能够根据目标市场的标准和模式确定目标市场 （4）能够运用市场定位的依据和方法进行准确的市场定位	活动一：分别搜索企业市场定位成功和失败的案例 活动二：从细分市场、选择目标市场，市场定位决策等方面进行分析，说明其成功和失败的原因 活动三：为失败的企业进行新的市场定位 要求： 各小组进行PPT演示，并选出优秀团队	6

续上表

序号	学习任务（单元、模块）	职业能力	知识、技能、态度要求	教学活动设计	学时
6	制定产品策略	32－02－04、32－03－01、36－01、36－02、36－03、41－01、41－02	（1）能够举例说明认识整体产品概念的意义 （2）能够确定产品组合的状态及应采取的策略 （3）掌握产品品牌的内涵、营销策略及品牌管理 （4）熟悉新产品开发的时机、流程及策略 （5）根据产品的生命周期的特征正确运用营销策略	活动一：列举自己最感兴趣的产品品牌，并说明感兴趣的理由 活动二：列举一个品牌成功塑造的案例 活动三：举例详细说明某企业的产品组合策略，包括：产品线，产品项目，产品长度、宽度、深度、关联度等 活动四：为企业设计开发新产品方案，具体说明新产品品牌及包装设计的理念及策略，并为新产品投入市场制定营销策略	10
7	制定价格策略	25－01、32－02－04	（1）正确认识和理解影响产品定价的因素 （2）明确产品的定价目标和程序 （3）掌握产品定价的基本方法、策略和技巧 （4）能根据市场定位及营销目标合理运用价格调整策略	活动一：为开发的新产品定价 要求： （1）说明影响该产品定价因素 （2）说明该产品定价时可采取哪些策略，并说明理由 活动二：举例说明产品定价的各种策略，并说明理由	8
8	制定渠道策略	20－02、32－03－02、42－02	（1）了解分销渠道的概念、层次与类型 （2）明确影响分销渠道选择的因素 （3）掌握分销渠道选择的基本方法 （4）熟悉分销渠道中间商的经营目标及运营特点 （5）掌握分销渠道的激励和管理方法	活动一：分小组讨论产品的销售应采用直接渠道还是采取间接渠道？并进行小组对抗辩论 活动二：渠道管理成功案例搜索与分析	6

续上表

序号	学习任务（单元、模块）	职业能力	知识、技能、态度要求	教学活动设计	学时
9	制定促销策略	14-01、14-02、14-03、14-04	（1）能够有目的地选择促销组合 （2）熟悉各种促销方式的特点 （3）理解和运用人员推销、营销广告、营业推广和公共关系策略	活动一：提供产品，让每位学生在校内进行推销 活动二：分组策划促销方案，选择最优方案举行促销活动，以小组竞赛形式展开	8
10	制定服务营销策略	01-02、20-01、20-03、20-04、25-01、25-02、25-03、45-01、45-04、45-05、45-06、45-08、45-09	（1）理解顾客满意与忠诚的含义和类型 （2）掌握服务质量差距分析和改进方法 （3）理解客户关系生命周期概念和内容 （4）学会应用营销人员职业生涯发展管理	活动一：总结促销活动，对顾客进行满意度和忠诚度的调查 活动二：让每位学生为自己设计职业生涯规划	6
合计					72

注：“职业能力”编码与附录"1. 中高职衔接市场营销专业职业能力分析表"中的编码对应。

八、资源开发与利用

（一）教材编写与使用

教材的编写应依据本课程标准，体现教育思想和教育观念的转变，突出职业教育的特色，构建岗位能力导向的课程内容体系。教材内容应体现实践性、应用性和层次性的特征，教材表达必须精炼、准确、科学，同时将营销的最新动态和前沿知识及时纳入教材，使教材更贴近本专业的发展和实际需要。教材中的活动设计内容要具体，并具有可操作性。

（二）数字化资源开发与利用

数字化教学资源为实现新课程的理念提供了强有力的支持，从技术层面逐渐打破了各种资源的时空限制，使素材性课程资源的广泛交流和共享及校内外课程资源的相互转化成为可能，优秀的数字化资源已经成为课程建设的重要组成部分。课程数字化资源应包括课程教学设计、各章教学要求、电子教案、PPT课件、思考题、优秀学生作品、经典案例库、常见问题解答、自测题、试卷库、与课程内容相关的图片资料和教学互动。

九、教学建议

（一）教学方法

1. 课堂教学

（1）互动式教学法。通过案例讨论，使学生参与到教学过程之中，达到教学相长的目的，活跃课堂气氛，提升教学效果。

（2）以问题为导向的学习法，让学生带着问题自主学习，不仅调动了学生学习的主动性，拓宽了学生的知识面，也提高了学生分析问题、解决问题的能力。

2. 课外学习与活动

为学生设计丰富多彩的课外专业学习活动，把专业课程的学习融合在各种营销游戏、企业参观考察、收集企业案例、假期实习等活动中。

多种教学方法与现代教育技术应用和教学改革的交互灵活应用，使学生的学习更加具有趣味性、互动性和挑战性，进而提高学生的综合素质。

（二）教学条件

（1）利用现代教育技术和手段，综合多媒体课件、视频影像资料、新闻报道中的相关数据资料、生活中新出现的营销案例等多种教学手段进行教学。

（2）利用相关游戏进行体验式教学。

（3）利用网络进行课外学习。

（4）利用企业和社会进行实践教学。

十、教学评价

本课程的教学评价包括四个部分：作业与问答（20%）、实践（20%）、期中成绩检验（20%）和期末成绩检验（40%）。作业与问答反映学生运用知识解决实际问题的能力，主要通过教师日常教学的互动活动来落实。作业分为个人作业和小组作业，小组作业不仅要求书面完成，还要求学生上台演讲、接受提问，并进行综合评价；实践成绩依据课程任务的完成情况进行评价。期中成绩检验和期末成绩检验用来检验学生对理论知识的掌握以及应用的技能、技巧和熟练程度等情况。

附：市场营销基础课程结构分析图（见图2-1）

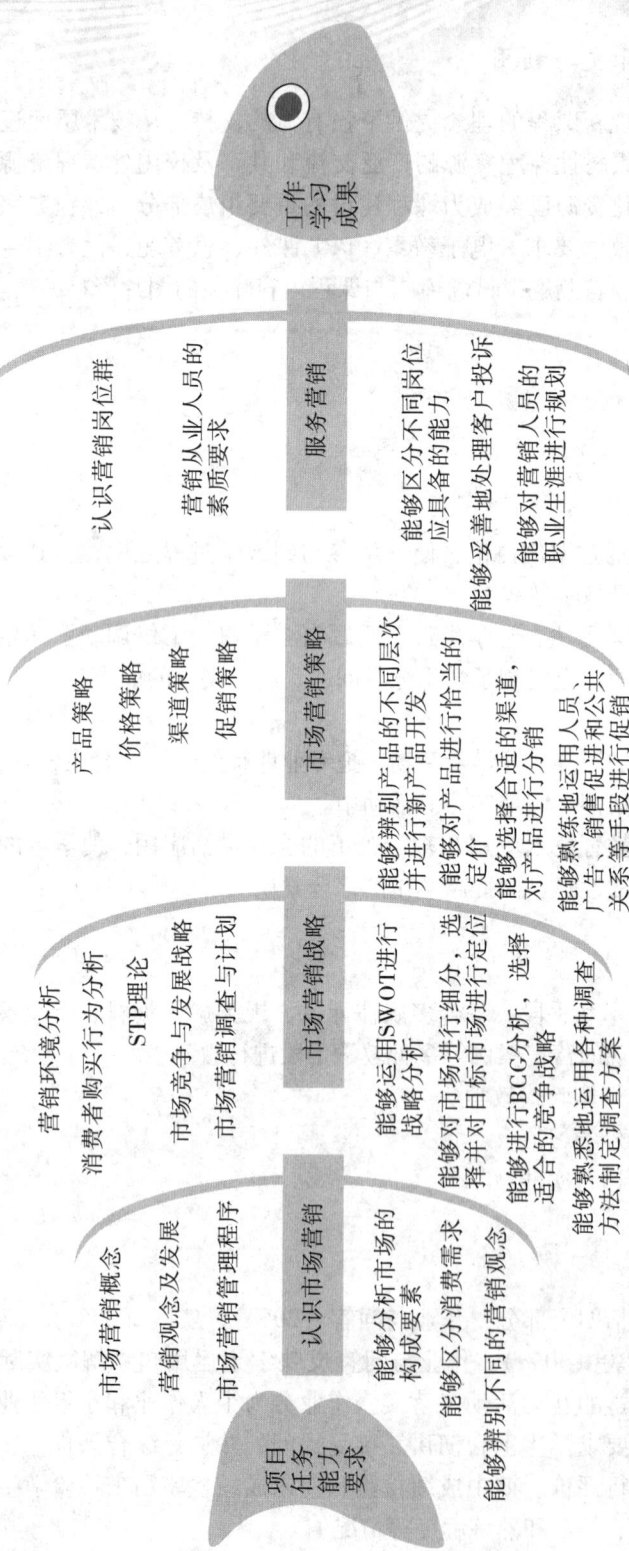

图2-1 市场营销基础课程结构分析图

(撰稿人：张 艳、杜耀国)

中职学段：市场调查实务课程标准

一、课程名称

市场调查实务。

二、适用专业

既适用于中高职衔接的中职市场营销专业，又适用于中职的市场营销、商品经营、连锁经营与管理或专卖品经营专业。

三、课程性质

专业核心课程、项目课程、技能训练课程。

四、课程设计

课程立足于分小组全面完成一次大型调查的总任务上，按照工作流程将这项调查任务分为5个项目：认识市场调查、确定市场调查任务、制定调查方案、实施市场调查、市场调查结果分析。每个项目可包括若干个分任务，每个分任务包含"教、学、做、评"等教学环节，实现"教中学、学中做、做中学"理念，使学生掌握市场调查的基本理论、基本方法和主要技能，培养学生基本的职业素质、职业道德、职业情感和职业能力。

鉴于本课程的应用性与可操作性非常强，在教学中，应力求打破传统的以讲授为主的教学模式，重视实践教学环节在课程安排中的作用，通过运用案例教学、角色扮演、小组研讨、情景训练、全真实践和岗位见习等方法培养学生的实际操作和运用能力。具体体现为：以职业能力为标准，以工作流程为主线确定课程内容；以项目为载体，按岗位能力培养目标设计课程体系；以典型工作任务为依托，围绕任务的完成设计教学活动。

五、课程教学目标

1. 认知目标

具有市场调查的基本理论知识，理解掌握市场调查的基本方法和技巧，熟悉市场调查的基本工作流程、任务。

2. 能力目标

能够在市场调查任务中合理地确定调查目标，会根据调查任务和目标制定较完整的调查方案，能选择适当的调查方法进行科学调查，并对调查结果进行初步统计分析。具备搜集信息、制定抽样方案、设计问卷、选用与培训调查人员、实施调查、整理与分析查找资料的技能。

3. 情感目标

具有较强的敬业精神、严谨的工作态度、良好的团队合作意识；能够吃苦耐劳、勤于思考、善于沟通，并能承受一定的工作压力；具备良好的沟通、应变、自我管理和学习能力。

六、参考学时与学分

参考学时：36 学时。

参考学分：2 学分。

七、课程结构（见表 2-2）

表 2-2 市场调查实务课程结构

序号	学习任务（单元、模块）	职业能力	知识、技能、态度要求	教学活动设计	学时
1	认识市场调查	07-03、07-04、07-05、45-04	理解市场调查的内涵和重要性，熟悉市场调查职业，掌握市场调查的常见种类及调查活动的主要步骤，在完成工作之前自觉树立调查意识，并会判断调查任务和主要内容。具备良好的自我管理和学习能力	（1）认识市场调查 （2）认识市场调查职业	4
2	确定市场调查目标	05-01、05-02、45-01、45-09	熟悉市场调查问题背景分析的主要内容，理解市场调查目标对整个调查工作的作用，能应用一定的方法找到市场调查的问题和分析市场调查背景，会结合实际确定市场调查目标和落实经费及人员。吃苦耐劳、善于沟通	（1）分析市场调查背景 （2）确立市场调查目标 （3）落实市场调查经费及人员	6
3	制定市场调查方案	06-01、06-02、45-03、45-06	了解抽样技术，掌握市场调查方案包含的内容体系，熟悉调查方案的评价标准，能根据调查任务确定市场调查的主题和内容，会设计较完整的市场调查方案并进行评估，具备制定并编写较科学的市场调查方案的能力。勤于思考，具备良好的应变能力	（1）认识简单抽样技术 （2）设计市场调查方案 （3）评估市场调查方案 （4）编写市场调查方案	8

续上表

序号	学习任务（单元、模块）	职业能力	知识、技能、态度要求	教学活动设计	学时
4	实施市场调查	07-01、07-04、07-05、13-01、13-02、45-05、45-08	掌握市场调查的常用方法及调查问卷的设计要点，会根据调查任务合理选用二手资料法及常用的实地调研方法进行较科学的调查，具备有效实施调研的能力。具有较强的敬业精神、严谨的工作态度、良好的团队合作意识，吃苦耐劳、能承受一定的工作压力	（1）认知调查方法 （2）设计调查问卷 （3）运用访问法调查实训 （4）运用观察法调查实训 （5）运用实验法调查 （6）运用二手资料法调查实训	14
5	市场调查结果分析	07、08-01-01、08-01-02、08-02-01、21-01、21-02、45-07	熟悉调研资料的筛选标准，会对调研资料进行筛选整理，能运用计算机录入有效的调研资料并进行简单统计，能够具有对统计结果进行初步分析的能力。具备较强的文字和信息处理能力	（1）筛选整理录入资料 （2）调查结果分析	4
合计					36

注："职业能力"编码与附录"1.中高职衔接市场营销专业职业能力分析表"中的编码对应。

八、资源开发与利用

（一）教材编写与使用

教材应坚持理论知识"必需、够用、适用"的原则，符合学生的认识规律，突出职业能力和综合素质的培养。教材的编写应根据以下思路进行：依据课程标准，以工作流程为主线确定课程框架；以项目为载体，按岗位能力培养目标设计课程内容体系；以典型工作任务为引领，围绕任务完成编排教学活动。教材编写应体现出"做中学"的理念，整本教材由几个项目构成，每个项目可包括若干个任务，每个任务包括教、学、做、评等环节，凸显项目驱动、任务引领、行动导向特色。教材内容应体现先进性、通用性、实用性，要将现行企业市场调研与分析涉及的新业务、新方法和新工具及时地纳入教材，教材内容应包括各企业市场调研的主要业务，必须贴近企业发展的实际需要。教材中的活动设计内容要具体，要尽可能与企业营销岗位的市场调研任务相同，并在实训室环境和全真工作环境下具有可操作性。

（二）数字化资源开发与利用

为满足学生个性化学习需要，课程应开发共享网络数字化资源，主要包括课程设计、授课教案、多媒体课件、案例库、实训作业及点评、师生互动、视频教学资料、阅读书目等内容，以促进学生主动学习，加强师生之间的沟通，提升教学效果。

九、教学建议

（一）教学方法

教学中，在系统地讲授市场调查的基本理论、基本方法、实施技巧的基础上，注重学生基本技能及实践能力的培训。必须打破以知识传授为主要特征的传统学科课程模式，在课程内容中突出对学生职业能力的训练，重视实践教学，灵活运用案例分析、小组研讨、角色扮演、情景训练、全真实践、岗位见习等教学方法，让学生在完成具体任务的过程中掌握专业知识，发展职业能力。

（二）教学条件

（1）多媒体教室。
（2）实训室。配置计算机、网络、多媒体、音响系统、演讲台等硬件设施和足够数量的会议圆桌、椅子等。
（3）校外实训基地及交通工具等。

十、教学评价

课程的考核由形成性考核和总结性考核两部分构成，权重分别占70%和30%，每类考核中都包括了理论知识的考核和实践能力的考核。

形成性考核由学习态度考核、理论知识考核和实践能力考核组成，分值分别占课程总分的15%、20%和35%，总结性考核中理论知识考核和实践能力考核分值各占课程总分的15%，这样基本能够实现对学生专业综合能力的鉴定。尤其是形成性考核分值和实践能力分值的提高，可以大大提高学生日常学习的积极性，有利于学生能力的培养。

附：市场调查实务课程结构分析图（见图2-2）

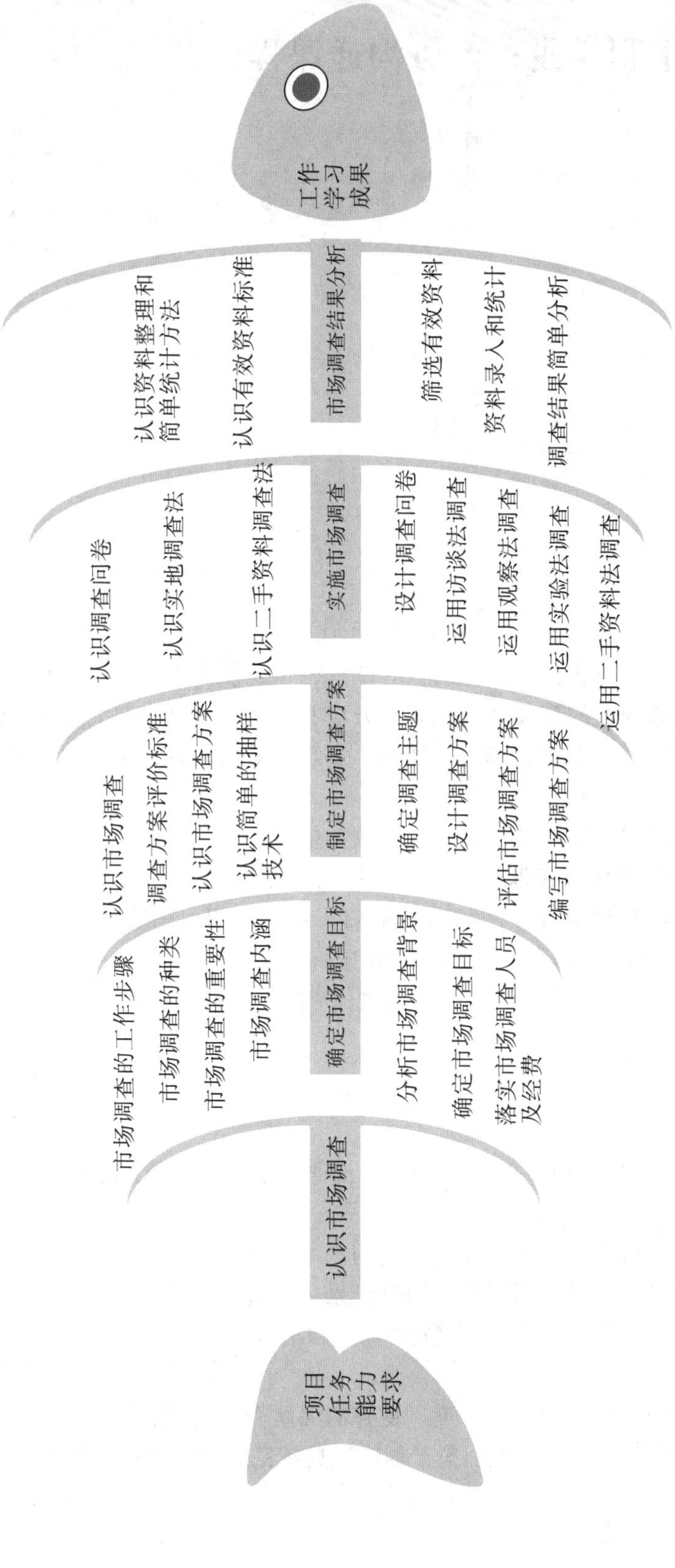

下 篇
中高职衔接市场营销专业课程标准

图2-2 市场调查实务课程结构分析图

项目任务能力要求：

认识市场调查
- 市场调查的工作步骤
- 市场调查的种类
- 市场调查的重要性
- 市场调查内涵

确定市场调查目标
- 分析市场调查背景
- 确定市场调查目标
- 落实市场调查人员及经费

制定市场调查方案
- 认识市场调查
- 调查方案评价标准
- 认识市场调查方案
- 认识简单的抽样技术
- 确定调查主题
- 设计调查方案
- 评估市场调查方案
- 编写市场调查方案

实施市场调查
- 认识调查问卷
- 认识实地调查法
- 认识二手资料调查法
- 设计调查问卷
- 运用访谈法调查
- 运用观察法调查
- 运用实验法调查
- 运用二手资料法调查

市场调查结果分析
- 认识资料整理和简单统计方法
- 认识有效资料标准
- 筛选有效资料
- 资料录入和统计
- 调查结果简单分析

工作学习成果

（撰稿人：谢丽仪、关怀庆）

中职学段：商务沟通课程标准

一、课程名称

商务沟通。

二、适用专业

既适用于中高职衔接的中职市场营销专业，又适用于中职的市场营销、商品经营、连锁经营与管理或专卖品经营专业。

三、课程性质

专业核心课程、项目课程、技能训练课程。

四、课程设计

本课程是中等职业学校市场营销专业的核心课程，也是从事市场营销岗位工作的必修课。要求学生掌握商务沟通的有关理论知识、方法和技巧，并初步具备商务沟通的能力，能灵活运用商务沟通的基本方法和基本技巧，实现有效的内外沟通，为后续课程的学习和从事相关商务工作准备必要的基础知识和技能。

鉴于本课程的应用性与可操作性非常强，在教学中，应力求打破传统的以讲授为主的教学模式，重视实践教学环节在课程安排中的作用，通过运用案例教学、小组研讨、角色扮演、情景实训和仿真模拟等方法培养学生的实际操作和运用能力。具体体现为：以职业能力为标准，以工作流程为主线确定课程内容；以项目为载体，按岗位能力培养目标设计课程体系；以典型工作任务为依托，围绕任务完成设计教学活动。

五、课程教学目标

1. 认知目标

具有商务沟通的基本理论知识，理解掌握商务沟通的基本原则、方法和技巧。

2. 能力目标

能够在不同商务活动中恰当地运用商务沟通的基本原则、方法和技巧，选择适当的沟通方式有效达成沟通目的。能在不同商务沟通场景中合理运用个人谈判礼仪，分组模拟完成组织内外沟通的全过程，从而实现有效沟通的目的。

3. 情感目标

具有较强的敬业精神、严谨的工作态度、良好的团队合作意识；性格开朗、善于沟通、能承受一定的工作压力；思维活跃、勇于创新，具备良好的应变和学习能力。

六、参考学时与学分

参考学时：72 学时。

参考学分：4 学分。

七、课程结构（见表 2-3）

表 2-3 商务沟通课程结构

序号	学习任务（单元、模块）	职业能力	知识、技能、态度要求	教学活动设计	学时
1	认识商务沟通	01-02、01-03-01、44-03	了解商务沟通的含义、目标、类型，掌握有效商务沟通的工作步骤，能够找出商务沟通的障碍，掌握高效沟通的方法。性格开朗、善于沟通、思维活跃，具备良好的应变和学习能力	（1）通过小游戏感受沟通的作用，引导学生认识商务沟通（2）探讨有效商务沟通工作步骤（3）设计商务活动场景，运用沟通技巧进行有效沟通模拟	8
2	商务沟通方法	01-03-03、18-01、18-03、42-01、44-01	了解面对面、书面、会议、电话、网络等商务沟通方法的特点，会根据沟通目的及对象采用恰当的沟通方法进行有效沟通。性格开朗、善于沟通、勇于创新，具备良好的应变和学习能力	（1）面对面沟通情境实训（2）书面沟通情境实训（3）会议沟通情境实训（4）电话沟通情境实训（5）网络沟通情境实训	16
3	商务沟通技巧	01-03、18-01、45-01	能够发现、克服及改正不良的口头表达，具有实现有效口头表达的能力。能理解非语言信号的含义，会解读常见的肢体语言，掌握非语言的表现形式和表达技巧。在商务沟通中具有合理运用陈述、提问、倾听、答复等相关技巧的能力。具备良好的应变和学习能力	（1）有效陈述情境实训（2）有效提问情境实训（3）高效倾听情境实训（4）有效答复情境实训（5）解读肢体语言实训	16

续上表

序号	学习任务（单元、模块）	职业能力	知识、技能、态度要求	教学活动设计	学时
4	商务组织内部沟通	18-02、34-06、40-03、43-04、45-01	了解组织内与上司、同事和下属沟通的知识与方法，并能熟练运用沟通的理论和技巧与上司、同事、下属进行有效的沟通。性格开朗、善于沟通、能承受一定的工作压力。思维活跃、勇于创新，具备良好的应变和学习能力	（1）组织学生观看商务沟通视频，然后分组讨论视频中与上司、同事、下属沟通的成功与失败之处（2）以小组为单位，设计情境、角色扮演，模拟与上司、同事、下属进行沟通的全过程（3）探讨组织内部沟通模式和技巧	16
5	商务组织外部沟通	14-01、14-02、18-01、18-03、24-03-03、24-04-04	了解与客户、媒体、政府沟通的知识，掌握与客户、媒体、政府沟通的方法，并能熟练运用沟通的理论与技巧与客户、媒体、政府等进行有效沟通。性格开朗、善于沟通、能承受一定的工作压力。思维活跃、勇于创新，具备良好的应变和学习能力	（1）讨论分析与客户、媒体、政府沟通的案例，以此说明有效地与客户、媒体、政府沟通的重要性，引出课程（2）以小组为单位，设计情境、角色扮演，模拟与客户、媒体、政府进行沟通的全过程	16
合计					72

注："职业能力"编码与附录"1. 中高职衔接市场营销专业职业能力分析表"中的编码对应。

八、资源开发与利用

（一）教材编写与使用

教材应坚持理论知识"必需、够用、适用"的原则，符合学生的认知规律，突出职业能力和综合素质的培养。教材的编写应根据课程标准，以工作流程为主线确定课程框架；以项目为载体，按岗位能力培养目标设计课程内容体系；以典型工作任务为引领，围绕任务的完成编排教学活动。教材编写应体现出"做中学"的理念，整本教材由几个项目构成，每个项目可包括若干个任务，每个任务包括教、学、做、评等环节，凸显项目驱动、任务引领、行动导向特色。教材内容应体现先进性、通用性、实用性，应包括商务沟通的主要业务，要将现行企业商务沟通所涉及的新业务、新方法和新工具及时地纳入教材。教材中的活动设计内容要具体，要尽可能与企业营销岗位的业务沟通任务相同，并在实训室环境和全真工作环境下可操作。

（二）数字化资源开发与利用

为满足学生个性化学习需要，课程应开发共享网络数字化资源，主要包括课程设计、授课教案、多媒体课件、案例库、情景训练、模拟实训实况及点评、师生互动、视频教学资料、阅读书目等内容，以促进学生主动学习，加强师生之间的沟通，提升教学效果。

九、教学建议

（一）教学方法

在系统讲授商务沟通的基本理论、常用技巧的基础上，注重学生基本技能及实践能力的培训。必须打破以知识传授为主要特征的传统学科课程模式，突出对学生职业能力的训练，重视实践教学，灵活运用案例分析、小组研讨、角色扮演、情景训练、模拟沟通等教学方法，让学生完成具体任务的过程中掌握专业知识，发展职业能力。

（二）教学条件

（1）多媒体教室。
（2）实训室。配置计算机、多媒体、音响系统、演讲台等硬件设施和足够数量的会议桌、椅子、座位牌、白板等。

十、教学评价

课程的考核由形成性考核和总结性考核两部分构成，权重分别占70%和30%，每类考核都包括了理论知识的考核和实践能力的考核。

形成性考核由学习态度考核、理论知识考核和实践能力考核组成，分值分别占课程总分的15%、20%和35%，总结性考核中理论知识考核和实践能力考核分值各占课程总分的15%，这样基本能够实现对学生专业综合能力的鉴定，尤其是形成性考核分值和实践能力分值的提高，可以大大提高学生日常学习的积极性，有利于学生能力的培养。

附：商务沟通课程结构分析图（见图2-3）

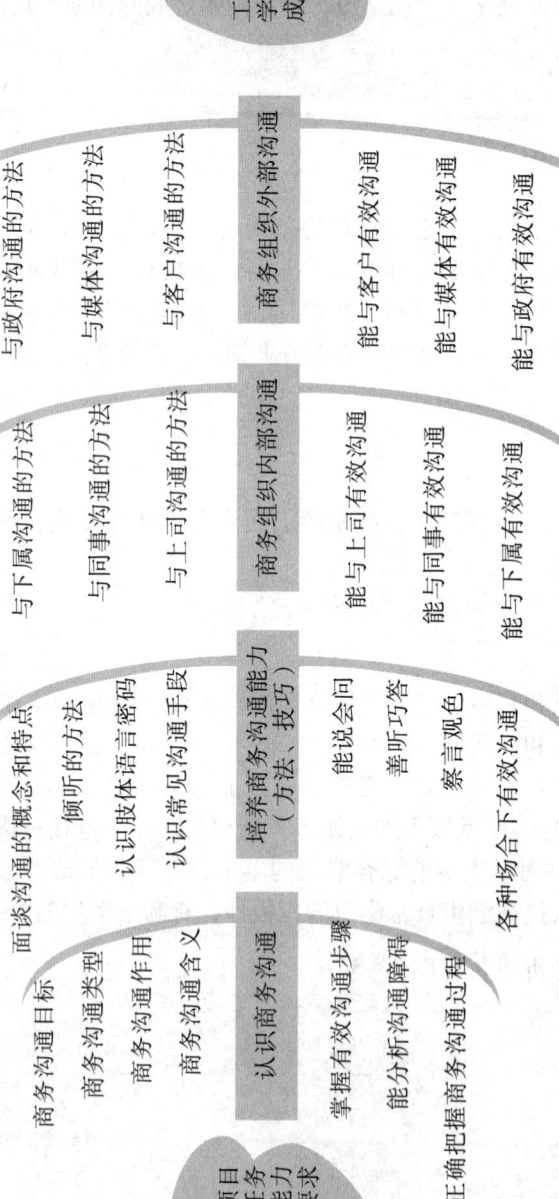

图2-3 商务沟通课程结构分析图

(撰稿人:肖剑锋、杜耀国、关怀庆、谢丽仪)

中职学段：网络营销实务课程标准

一、课程名称

网络营销实务。

二、适用专业

既适用于中高职衔接的中职市场营销专业，又适用于中职的市场营销专业和电子商务专业。

三、课程性质

专业核心课程、项目课程、技能训练课程。

四、课程设计

立足于网络营销等市场营销节点，以学生职业岗位需求为导向、以专业设计与制作的工作任务为引领、以操作能力为主线，选择与市场营销专业和电子商务专业方向工作任务相关的操作内容，在合理整合网络营销知识体系的基础上，按照网络营销的"搜集信息及分析—客服培训—互联网创新服务—开发市场—订单管理—退货管理—宣传推广"的基本作业流程，将课程设计按照能力掌握的难易程度以循序渐进的方式组合，由浅入深、从易到难地培养学生的网络营销能力。

每个项目按照"教、学、做"一体化的流程完成，形成项目效果。所有项目的成果最后合成为一份完整的网络营销实务策划书。

五、课程教学目标

1. **认知目标**

具有信息收集的基本理论知识，了解客户服务的原则和要点，知道最新的互联网服务方式，懂得开发市场的流程和工具，熟悉订单管理、退货管理和宣传推广的原则和流程。

2. **能力目标**

能够根据教师发布的实训任务，以小组形式进行客户信息搜集与分析、客服培训，开展互联网创新服务，能够运用相关资源和工具进行市场开发，能够熟练操作ERP等平台进行订单管理、退货管理，能够根据公司目标和资源运用各种推广媒介进行网络宣传推广。

3. **情感目标**

具有良好的服务意识，具有对数字的敏感性、发散的思维和广泛的知识视野，具有与时俱进意识，关注行业新发展与新动态，具有良好的合作与团队意识，具有良好的沟通技巧，执行能力强。

六、参考学时与学分

参考学时：72 学时。

参考学分：4 学分。

七、课程结构（见表 2-4）

表 2-4 网络营销实务课程结构

序号	学习任务（单元、模块）	职业能力	知识、技能、态度要求	教学活动设计	学时
1	信息搜集及分析	16-02-01、16-02-02、16-02-03、16-02-04	了解信息传递模式，熟悉信息收集的方法，能够对收集到的信息进行分析归类，会填写登记表并录入电脑，建立顾客档案，最后要懂得发放会员卡的流程。应具有认真负责、耐心细致的工作态度和服务意识	（1）安排利用搜索引擎收集信息的实操（2）模拟客户信息录入、归档、发放会员卡的作业（3）组织 Excel 数据处理比赛	10
2	客服培训	17-01-01、17-01-02、17-01-03、17-02-01、17-02-02、17-02-03、17-02-04、17-03-01、17-03-02、17-03-03、17-03-04、17-04-01、17-04-02、17-04-03	了解发放培训需求表的制作、信息汇总的方法；掌握客服培训策划的流程，包括培训目标、培训内容、培训方式、培训时间和地点、培训计划、培训通知等内容；能够根据培训内容制作培训课件；能布置好培训的现场，协调培训中的各个事项，收集培训评价，总结培训效果。应具有认真负责、耐心细致的工作态度	（1）模拟一个培训会的策划项目（2）培训会现场布置作业（3）学员培训评价调查表的制作（4）撰写培训效果的数据分析报告	12

续上表

序号	学习任务 （单元、模块）	职业能力	知识、技能、态度要求	教学活动设计	学时
3	互联网创新服务	22-01-01、 22-01-02、 22-01-03	了解互联网服务的内容，掌握短信、微信推广技巧；了解O2O模式的内涵，能通过O2O提升服务层次。掌握电子支付的平台操作要领，能达到网络营销的目标。具有认真负责、耐心细致的工作态度和服务意识	（1）撰写微信公众号推广文案 （2）利用相关工具编辑文案并发布 （3）利用校企合作项目，撰写O2O推广方案并实施	10
4	开发市场	24-01、 24-02-01	了解运用互联网进行市场开发的流程和方法；能够利用互联网寻找目标客户，搜集目标客户信息，并帮助其发现需求、完成购买行为。具有对成功的强烈渴望、百折不挠的抗挫折品质和随机应变的能力	（1）利用互联网工具寻找目标客户或者吸引目标客户主动找上门来 （2）与目标顾客进行有效沟通，搜集目标客户信息及需求，引导其产生购买行为	10
5	订单管理	25-01	熟悉订单处理的流程和原则；能够熟练操作ERP或相关平台软件，完成订单的审核、确认、打单、发货等处理内容。具有耐心和责任心，具有较强的时间观念、服务意识等	（1）将客户所下订单录入ERP系统，并报领导审批 （2）订单审核通过后与客户确认回款，与财务部门确认并出具发票，同时与仓库沟通发货事宜	10
6	退货管理	26-01	了解退货管理的流程及规则；能够根据情况判断退货的原因并做出正确的处理	（1）与客户及相关人员沟通，并确认退货原因 （2）根据退货处理规定正确处理退货	8

续上表

序号	学习任务（单元、模块）	职业能力	知识、技能、态度要求	教学活动设计	学时
7	宣传推广	35-01-01、35-01-02、35-01-03、35-02-01、35-02-02、35-02-03、35-02-04、35-02-05	了解宣传推广的目的、原则和方法。能够根据公司及产品情况，围绕目标开展可行性的网络宣传推广活动。具有发散性思维、广泛的知识视野，关注行业的新发展和新动态	（1）对宣传推广方案做出可行性分析 （2）根据公司销售额和所在行业中的地位选择切实可行的推广方法 （3）组织学生运用推广媒介进行宣传推广比赛	12
合计					72

注："职业能力"编码与附录"1. 中高职衔接市场营销专业职业能力分析表"中的编码对应。

八、资源开发与利用

（一）教材编写与利用

教材的编写应根据课程标准，构建以任务引领为依据的课程内容体系，反映市场营销专业的最新技术和发展趋势，突出实用性、先进性和可操作性，以结构化知识体系编排教学内容，以项目化业务体系编排实训内容，体现工学结合、项目驱动、任务引领、行动导向，并通过学校、企业、协会合作共同完成。教材编写应以网络营销所涵盖的工作任务和职业能力分析为依据，激发学生对网络营销作业的喜爱、追求与创造性思维。教材内容应凸显实践性、应用性和层次性的特征，强调与岗位业务相吻合，易学、易懂、易接受，体现小组合作和"以学生为中心"的理念。

（二）数字化资源开发与利用

根据教育信息化的趋势和学生接受信息方式的变化，以有利于教师教学、方便学生自学、引导学生爱学、保证学生学好为基本出发点，开发课程数字化资源，课程数字化资源应包括教学设计、PPT教师课件、实训视频、实训素材、教学案例、学生优秀作品、参考资料、习题练习、作业试题等。

九、教学建议

（一）教学方法

坚持"工学结合、做学一体"的理念，强化"做中学、做中教"的教学思路。在具体的教学方法上，以项目教学、案例教学、任务教学、角色扮演、情境教学、体验教学、分组实训为主导，以讲授法、讨论法、演示法、练习法为辅助，充分利用校内外实训基地和现代网络，引导学生自主学习、合作学习、案例学习，创造性地解决网络营销问题。

（二）教学条件

（1）多媒体教室。课程教学全部采用多媒体教学。

（2）校内实训室。课程的校内实训以及学生的部分作业需在校内实训室完成。

（3）校外实训基地。为了保证学生及时、充分了解最新的网络营销的方法，学校积极与周边的商家企业合作，让学生到校外实习基地顶岗实习，进行实际操作或聘请相关人员协助教学、讲解、示范。

十、教学评价

本课程实行形成性考核和期中、期末考核相结合的方法。形成性考核占总评价的40%，其中出勤情况占10%，课堂表现占10%，项目完成情况占80%。期中、期末考核则采用纸质试卷的方式考试，分别占总评价的20%和40%。

评价内容多元化：既关注学生对知识的理解，也考查学生对实际操作能力的掌握程度；既考核学生在实践中对理论知识的综合运用能力，也重视职业素养的形成和团队合作、道德观念的树立。

评价主体多元化：理论知识的评价主体为试卷；形成性考核中的出勤情况和课堂表现由教师评价，项目完成情况由教师、学生代表、学生共同评价，其中教师评价占60%，学生代表互相评价占20%，学生自我评价占20%。

评价方式多样化：教师评价与学生评价相结合，集体评价与个人评价相结合，学校评价与企业评价相结合。

评价呈现多性化：注重过程性评价与总结评价、定性评价与定量评价、现状评价和趋势评价的有机结合。

附：网络营销实务课程结构分析图（见图2-4）

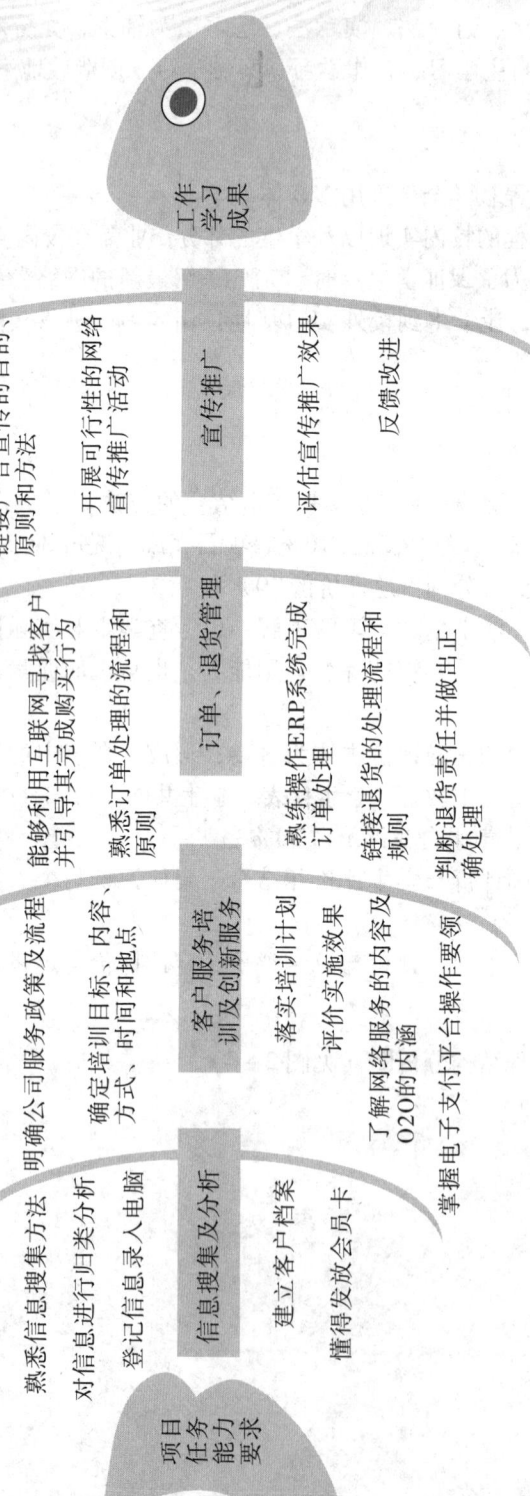

图2-4 网络营销实务课程结构分析图

（撰稿人：张盼盼、张 诗）

中职学段：商务礼仪课程标准

一、课程名称

商务礼仪。

二、适用专业

既适用中高职衔接的中职市场营销专业，又适用于中职的市场营销、商务英语、文秘、电子商务等专业。

三、课程性质

专业核心课程、项目课程、技能训练课程。

四、课程设计

针对岗位的技能和素质培养要求，通过任务引领项目活动，学生可以熟悉企业常见商务活动场合基本的礼仪规范，并熟悉各类商务活动，养成良好的礼仪修养，在商务场合正确运用体态及表情传达对他人的尊重，培养学生口头表达及书面表达能力，树立良好的团队意识和沟通谈判能力，锻炼人际沟通能力、组织策划能力和应变能力。

五、课程教学目标

1. 认知目标

(1) 了解商务人员个人形象礼仪、商务礼仪的基本原则和意义。

(2) 了解企业商务活动的主要类型、工作流程和各环节礼仪规范要求。

2. 能力目标

(1) 掌握商务人员仪容、仪表、仪态、言谈礼仪。

(2) 能熟练掌握应聘礼仪。

(3) 能妥善处理相关办公事务。

(4) 掌握组织会议技巧。

(5) 能组织合"礼"的商务谈判。

(6) 懂得商务场合各类宴请礼仪。

(7) 能撰写、组织礼仪剧本，并对其他小组礼仪情景剧进行评价。

3. 情感目标

(1) 善于交流，具有一定的沟通技巧。

(2) 善于合作，具有一定的团队精神。

(3) 具有较高的礼仪素养。

(4)具有爱岗敬业精神和认真负责的工作态度。

六、参考学时与学分

参考学时:36学时。

参考学分:2学分。

七、课程结构(见表2-5)

表2-5 商务礼仪课程结构

序号	学习任务 (单元、模块)	职业能力	知识、技能、态度要求	教学活动设计	学时
1	走进礼仪	44-03	(1)清楚礼仪概念 (2)了解礼仪发展史 (3)讲一讲生活中的礼仪故事 (4)熟悉并运用中华传统礼仪	观看视频,培养对学习的浓厚兴趣,加强对商务礼仪重要作用的感知认识	4
2	学习商务礼仪	03-03	(1)把握着装技巧 (2)学会化妆、整理衣着、清理皮肤 (3)掌握坐、站、走、蹲等仪态要领 (4)把握正确的交际语言、合理的面部表情	(1)着装连连看,指定三名同学打扮自己,其余学生一起指出错误的着装点 (2)化妆练习,以小组为单位,准备化妆道具若干,学生互相检查仪容仪表、个人修饰是否符合要求 (3)礼仪室对镜仪态训练,让学生进行站、走、坐、蹲的训练与演示,使得学生拥有良好的仪态举止	12

续上表

序号	学习任务（单元、模块）	职业能力	知识、技能、态度要求	教学活动设计	学时
3	运用商务礼仪	01-02、01-03、19-01、28-01	（1）掌握应聘方法 （2）处理办公事务 （3）安排合理的商务会议 （4）组织一次商务谈判 （5）懂得各类宴请礼仪	（1）案例分析 （2）观看视频 （3）实训任务 （4）角色扮演。设置商务活动场景进行接待训练，由教师或学生以商务活动、客人的身份，进行亲切迎客、热情待客、礼貌送客训练	12
4	商务礼仪综合实训	45	（1）撰写礼仪情景剧 （2）组织小组成员展示礼仪情景剧 （3）对礼仪情景剧进行评价	（1）指导学生利用课余时间排练礼仪情景剧，并自行拍摄后传给老师，老师给予点评并提出修改意见 （2）播放各团队拍摄的礼仪情景剧，并要求各组相互点评	8
			合计		36

注："职业能力"编码与附录"1. 中高职衔接市场营销专业职业能力分析表"中的编码对应。

八、资源开发与利用

（一）教材编写与使用

教材的编写应以现代商务礼仪活动为依据，反映当代职场活动和工作场合中基本的礼仪行为规范，并结合项目展现礼仪实用性、趣味性，以结构化知识体系编排教学内容，以项目化、情景化编排实训内容，体现工学结合、项目驱动、任务引领、行动导向，并通过学校、企业等的合作共同完成。本课程作为中职阶段最重要的技能训练课程，让学生熟悉并学会运用礼仪知识，在编写教材时更要侧重实用性、团队性。

（二）数字化资源开发与利用

根据教育信息化的趋势和学生接受信息方式的变化，以有利于教师教学、方便学生自学、引导学生爱学、保证学生学好为基本出发点，开发课程数字化资源。

课程数字化资源应包括教学要求、教学重点难点、课程教学设计、学生学习手册、电子教材、电子演示文稿、教学案例、媒体素材、学生作品、参考资料、习题练习、作业试题等。

九、教学建议

（一）教学方法

坚持"工学结合、理实一体"的理念，强化"做中学、做中教""讲学做练评改一体化"的思路。在具体的教学方法上，以项目教学、案例教学、任务教学、情境教学、体验教学为主导，以讲授法、讨论法、演示法、练习法为辅助，充分利用校内礼仪室和移动互联网，引导学生学会自主学习、合作学习、案例学习、创造性解决礼仪问题。

（二）教学条件

（1）多媒体教室。课程教学全部采用多媒体教学。
（2）校内实训室。课程的校内实训、学生的部分作业需在校内实训室完成。

十、教学评价

本课程实行形成性考核。其中，基础知识考核占总评价的30%，形成性考核占总评价的70%。形成性考核中，出勤情况占10%，课堂表现占10%，项目完成情况占80%。

评价内容多向化：既关注学生对知识的理解，也考查学生对实际操作能力的掌握程度；既留意学生在实践中运用知识解决实际问题能力的提高，也重视规范操作等职业素养的形成。

评价主体多元化：基础知识的评价主体为考试成绩。形成性考核中的出勤情况和课堂表现由教师评价，项目完成情况由教师、企业代表、学生共同评价，教师评价占70%，企业代表互相评价占20%，学生自我评价占10%。

附：商务礼仪课程结构分析图（见图2-5）

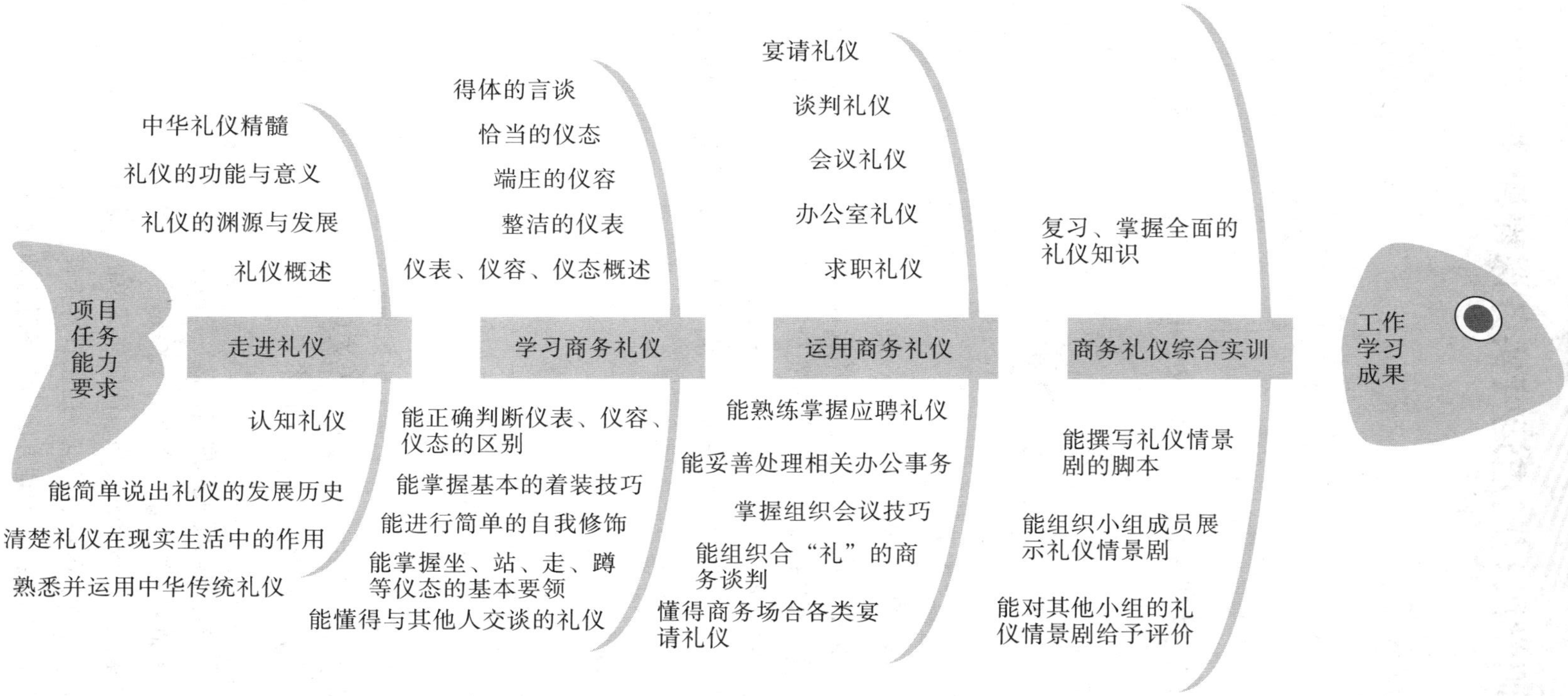

图2-5 商务礼仪课程结构分析图

项目任务能力要求：

走进礼仪
- 中华礼仪精髓
- 礼仪的功能与意义
- 礼仪的渊源与发展
- 礼仪概述

认知礼仪
- 能简单说出礼仪的发展历史
- 能简单说出礼仪在现实生活中的作用
- 熟悉并运用中华传统礼仪

学习商务礼仪
- 得体的言谈
- 恰当的仪态
- 端庄的仪容
- 整洁的仪表
- 仪表、仪容、仪态概述

- 能正确判断仪表、仪容、仪态的区别
- 能掌握基本的着装技巧
- 能进行简单的自我修饰
- 能掌握坐、站、走、蹲等仪态的基本要领
- 能懂得与其他人交谈的礼仪

运用商务礼仪
- 宴请礼仪
- 谈判礼仪
- 会议礼仪
- 办公室礼仪
- 求职礼仪

- 能熟练掌握应聘礼仪
- 能妥善处理相关办公事务
- 掌握组织会议技巧
- 能组织合"礼"的商务谈判
- 懂得商务场合各类宴请礼仪

商务礼仪综合实训
- 复习、掌握全面的礼仪知识
- 能撰写礼仪情景剧的脚本
- 能组织小组成员展示礼仪情景剧
- 能对其他小组的礼仪情景剧给予评价

工作学习成果

（撰稿人：李满玉、张琼、黎奕林）

中职学段：门店运营实务课程标准

一、课程名称

门店运营实务。

二、适用专业

既适用于中高职衔接的中职市场营销专业，又适用于中职的市场营销专业。

三、课程性质

专业核心课程、项目课程、技能训练课程。

四、课程设计

立足于门店经营各环节工作，在整合门店运营知识体系的基础上，贴近门店经营与管理的职能和岗位工作，按照门店的"选址—卖场设计—商品采购—商品陈列—价格管理—服务管理—促销管理—日常作业管理—商店安全管理"的作业流程进行内容安排，系统地介绍现代零售业态的演进、门店运营的作业流程。

每个项目按照"教、学、做"的流程完成，形成项目成果，所有项目的成果最后合成为一份完整的门店运营实务策划书。

五、课程教学目标

1. 认知目标

具有门店运营的基本理论知识，熟悉门店运营作业流程。

2. 能力目标

（1）能进行商店选址调查并写出商店选址分析报告。

（2）能进行卖场的设计，包括商店外观设计及卖场内部布局。

（3）掌握商品采购的供应商报价表、供应商资料卡的制作方法，能填写上述表格与采购合同。

（4）能制作商品布局表，掌握商品陈列的方法。

（5）掌握常用的价格制定方法与促销策略。

（6）掌握服务的准备工作、步骤、技巧，能制作简单的商店POP广告。

（7）掌握商店进货、存货、收银、盘点、店长日常管理等作业流程。

（8）掌握商店意外事件的防范与处理方法，掌握消防知识。

3. 情感目标

具备认真刻苦、勇于实践的工作作风，养成严谨细致的工作态度，具有良好的团队协作意识和敬业、乐业的精神。

六、参考学时与学分

参考学时：72 学时。

参考学分：4 学分。

七、课程结构（见表 2-6）

表 2-6　门店运营实务课程结构

序号	学习任务（单元、模块）	职业能力	知识、技能、态度要求	教学活动设计	学时
1	门店员工角色认知	01-02、01-03、03-03、10-02、11-01、13-01、16-01、31-01、31-02、31-05、43-01、43-02、43-03、44-04	了解门店员工的角色，掌握门店相关岗位的工作任务及职责，具有认真、负责、细致的工作态度和良好的团队合作精神	（1）分组 （2）讨论、汇报 （3）调研零售门店企业	4
2	零售业态的演进	05-01、06-01、07-03、45-03	了解零售业态演进的过程及发展趋势，掌握主要零售业态的种类和特征，具有认真、负责、细致的工作态度和良好的团队合作精神	（1）分组收集零售业态资料 （2）小组讨论、汇报 （3）教师点评	4

续上表

序号	学习任务（单元、模块）	职业能力	知识、技能、态度要求	教学活动设计	学时
3	门店选址	05-01、06-01、07-01、07-02、07-03、10-01	了解商圈构成及影响因素，掌握商圈划定方法及分析要点、商店选址的原则，能对商店位置类型进行分析，并选择合适的商店位置，具有认真、刻苦、严谨的工作态度和团队合作精神	（1）分组讨论 （2）选址调查 （3）划出商圈与商店位置草图 （4）汇报展示 （5）小组互评 （6）教师点评	6
4	门店设计	01-01、02-01、19-04、29-03、35-02	了解店面设计注意事项，了解色彩、照明、音乐与气味在卖场中所起的作用及注意事项，掌握卖场各种流动线安排的特点，能对商店出入口、商店招牌、卖场货架布局等进行设计，能进行货架、购物车、购物篮、冰冻设备、空调、收银机等设备的购置与安装，具有认真、负责、细致的工作态度和团队合作精神	（1）分组调研讨论 （2）设计商店出入口 （3）设计商店招牌 （4）卖场货架布局设计 （5）商店设备的认识与简单实操	10
5	商品采购	02-03、07-01、07-02、07-03、13-01、16-03、19-02、25-01、25-02、28-01、28-02、28-03、35-01、41-02、41-03	了解商品采购的方式，掌握采购谈判的要领，能制订商品采购计划，能发展供应商、开发新产品，能对商品采购合同进行管理，具有认真、刻苦、负责、严谨的工作态度和团队合作精神	（1）编制采购计划 （2）供应商调查与开发实训 （3）采购合同签订实训	4

续上表

序号	学习任务（单元、模块）	职业能力	知识、技能、态度要求	教学活动设计	学时
6	商品陈列	01-01、02-01、02-05、02-07、04-01、04-02、19-03、19-04	了解商品组合结构、商品组合思路，了解橱窗展示的要求，掌握商品陈列原则、方法，能对商品货位进行布局，能艺术地陈列商品，能构思并设计橱窗展示，具有认真、负责、细致的工作态度和团队合作精神	（1）制作商品配置表 （2）商品陈列实操 （3）橱窗展示构思汇报	8
7	价格管理	02-04、07-02、28-04、41-03、45-05	了解影响商店定价的因素，掌握商品定价的方法，能运用常用的价格促销策略进行商品定价，具有认真、严谨、细致的工作态度和团队合作精神	（1）分组讨论汇报影响商店定价的因素及商品定价的方法 （2）常用的价格促销策略实训 （3）小组互评 （4）教师点评	4
8	服务管理	01-02、01-03、02-06、03-03、03-05、16-01、16-02、16-04、19-01、19-04、19-05、25-03、26-01、26-02、26-03	了解服务准备工作的内容，掌握服务流程规范，能运用服务技巧与服务艺术开展服务工作，具有爱岗敬业、热情、认真、负责、细致的工作态度和团队合作精神	（1）分组讨论服务准备工作内容并汇报 （2）服务流程、技巧与艺术实训	6

续上表

序号	学习任务（单元、模块）	职业能力	知识、技能、态度要求	教学活动设计	学时
9	日常作业管理	02-03、02-04、02-05、02-07、02-08、03-01、03-02、03-04、04-01、04-02、04-03、04-04、16-03、19-03、25-02、27-01、31-01、31-04、31-05、43-01、43-02	了解和掌握商店进货、存货、盘点、收银、店长日常管理等作业流程，能进行进货作业、盘点作业、收银作业和其他作业工作，具有认真、刻苦、负责、细致的工作态度和团队合作精神	（1）进货作业实训 （2）盘点作业实训 （3）收银作业实训 （4）标价、补货上架作业实训	14
10	促销管理	02-02、19-02、29-01、29-02、29-03、29-04、29-05、29-06、35-02、36-03	了解商店促销活动的类型，掌握拟订促销计划应考虑的因素，能运用工具促销，能制作简单的商店POP广告，具有认真、负责、创新的工作态度和团队合作精神	（1）分组讨论商店促销活动的类型与拟订促销计划考虑的因素并汇报 （2）设计一次促销活动计划并实施 （3）制作POP广告实训	8
11	商店安全管理	02-07、04-01、45-08	了解和掌握突发事件的防范方法，能处理火灾、抢劫、偷窃事件，具有机智、认真、负责、严谨的工作态度和团队合作精神	（1）消防安全实训 （2）防抢、防盗实训	4
			合计		72

注："职业能力"编码与附录"1. 中高职衔市场营销专业职业能力分析表"中的编码对应。

八、资源开发与利用

（一）教材编写与使用

教材的编写应依据课程标准，构建以任务引领为依据的课程内容体系，反映零售业态的演进发展趋势，突出实用性、创新性、先进性、互动性和可操作性，以结构化知识体系编排教学内容，以项目化业务体系编排实训内容，体现工学结合、项目驱动、任务引领、行动导向，并通过学校、企业、协会等的合作共同完成。教材编写应以门店运营管理所涵盖的工作任务和职业能力分析为依据，激发学生对门店运营管理工作的热爱、追求与创造性思维。教材内容应凸显实践性、应用性和层次性的特征，强调与岗位业务相吻合，易学、易懂、易接受，体现小组合作和"以学生为中心"的理念。

（二）数字化资源开发与利用

根据教育信息化的趋势和学生接受信息方式的变化，以有利于教师教学、方便学生自学、引导学生爱学、保证学生好学为基本出发点，开发课程数字化资源。

课程数字化资源应包括课程教学设计、PPT 教师课件、实训视频、实训素材、教学案例、学生优秀作品、参考资料、习题练习、作业试题等。

九、教学建议

（一）教学方法

坚持"工学结合、理实一体"的理念，强化"做中学、做中教"的思路。在具体的教学方法上，以项目教学、调研教学、案例教学、任务教学、角色扮演、情境教学、体验教学、分组实训为主导，以讲授法、讨论法、演示法、练习法为辅助，充分利用校内外社会资源、实训基地和现代网络，引导学生学会自主学习、合作学习、案例学习、实践学习，创造性地解决门店运营与管理的问题。

（二）教学条件

（1）多媒体教室。课程教学尽可能采用多媒体教学。
（2）校内实训室。课程的校内实训、学生的部分作业需在校内实训室完成，有条件的学校最好能建立校内学生实训基地，将部分课程的实训安排到实训基地进行。
（3）校外实训基地或社会企业资源。课程的调查参观可充分运用校外实训基地或社会企业资源进行，如零售业态、选址、卖场设计、促销、安全管理等都可通过组织学生外出参观调查完成。

十、教学评价

本课程实行过程性考核和期中、期末考核相结合的方法。过程性考核占总评价的

50%，其中：出勤情况占 10%，课堂表现占 20%，项目完成质量占 70%。期中、期末考核则采用纸质试卷的方式考试，分别占总评价的 20% 和 30%。

评价内容多元化：既关注学生对知识的理解，也考查学生对实际操作能力的掌握程度；既留意学生在实践中运用知识解决实际问题能力的提高，也重视规范操作、安全文明服务等职业素质的形成，树立节约能源、节省原材料与爱护设备、保护环境等意识与观念。

评价主体多元化：理论知识的评价主要方式为试卷；过程性考核中的出勤情况和课堂表现由教师评价，项目完成质量由教师、学生代表、学生共同评价。

评价方式多样化：教师评价与学生评价相结合，集体评价与个人评价相结合，学校评价与企业评价相结合。

附：门店运营实务课程结构分析图（见图 2-6）

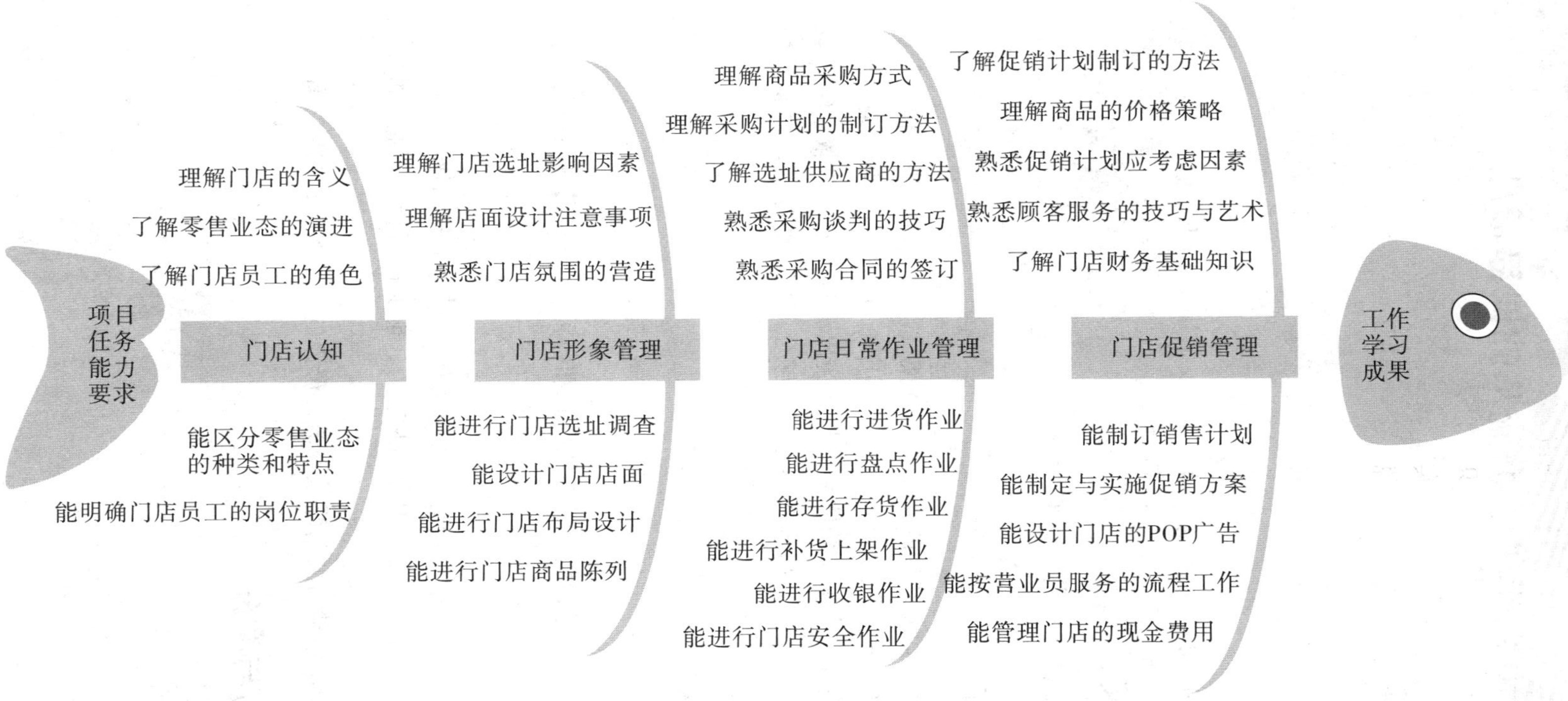

下 篇
中高职衔接市场营销专业课程标准

图2-6 门店运营实务课程结构分析图

门店认知
- 理解门店的含义
- 了解零售业态的演进
- 了解门店员工的角色
- 能区分零售业态的种类和特点
- 能明确门店员工的岗位职责

门店形象管理
- 理解门店选址影响因素
- 理解店面设计注意事项
- 熟悉门店氛围的营造
- 能进行门店选址调查
- 能设计门店店面
- 能进行门店布局设计
- 能进行门店商品陈列

门店日常作业管理
- 理解商品采购方式
- 理解采购计划的制订方法
- 了解选址供应商的方法
- 熟悉采购谈判的技巧
- 熟悉采购合同的签订
- 能进行进货作业
- 能进行盘点作业
- 能进行存货作业
- 能进行补货上架作业
- 能进行收银作业
- 能进行门店安全作业

门店促销管理
- 了解促销计划制订的方法
- 理解商品的价格策略
- 熟悉促销计划应考虑因素
- 熟悉顾客服务的技巧与艺术
- 了解门店财务基础知识
- 能制订销售计划
- 能制定与实施促销方案
- 能设计门店的POP广告
- 能按营业员服务的流程工作
- 能管理门店的现金费用

项目任务能力要求

工作学习成果

（撰稿人：黄　锋）

中职学段：物流基础课程标准

一、课程名称

物流基础。

二、适用专业

既适用于中高职衔接的中职市场营销专业，又适用于中职物流服务与管理专业。

三、课程性质

专业核心课程、项目课程、技能训练课程。

四、课程设计

本课程紧扣现代物流业最基础的宏观整体框架（物流基础知识、物流发展历程及趋势、各种业态物流运作，学生职业生涯规划），循序渐进、简明扼要、条理清晰地介绍了现代物流业最核心的内容，力求做到体系完整又突出重点，强化"教、学、做"一体化的职业教育理念，使学生通过本课程的学习，能够全面地、清晰地掌握现代物流业的基本内容，为从事物流行业营销工作打好基础。

五、课程教学目标

1. 认知目标

了解物流的基本概念，掌握物流的功能要素和各种物流设备，理解现代物流的特征，了解企业物流等知识。

2. 能力目标

有理论联系实际能力。运用理论分析物流案例，为物流营销操作打下良好的基础，对现实经济生活中的物流现象具备认识和判断能力，能够进行物流职业生涯规划。

3. 情感目标

具有良好的团队合作精神，具备吃苦耐劳、严谨的工作态度，热爱工作。

六、参考学时与学分

参考学时：72学时。

参考学分：4学分。

七、课程结构（见表 2-7）

表 2-7 物流基础课程结构

序号	学习任务（单元、模块）	职业能力	知识、技能、态度要求	教学活动设计	学时
1	走进物流	29-01-01、29-01-02、45-01-09	了解物流是什么，物流的概念、内容结构、功能作用等。能识别不同类型的物流企业，了解生活中的物流	（1）举例生活中的物流 （2）调研物流企业 （3）观看物流视频 （4）物流实训室实地学习	12
2	物流业的昨天、今天和明天	31-02-01、31-02-02、31-03-01	了解物流业的昨天，理解物流业的今天和展望物流业的明天；从供应链各环节的运作来认识各环节的物流工作	（1）网络搜索了解物流业的发展动态 （2）分享最新物流行业信息 （3）角色扮演	12
3	体验物流业务	25-01-01、25-02、25-03	通过场景学习掌握制造业物流、连锁零售物流、专业批发市场物流、第三方物流、电子商务物流、保税物流、冷链物流、会展物流等不同业态物流的运作模式	（1）案例分析 （2）调研企业 （3）观看视频 （4）实训任务 （5）角色扮演	36
4	我的物流人生	43-01、43-02	调研物流企业，认识物流岗位群，掌握物流从业人员的能力要求和素质要求，并学会规划自己的物流人生	（1）调研企业 （2）情景模拟 （3）撰写报告	12
	合计				72

注："职业能力"编码与附录"1. 中高职衔接市场营销专业职业能力分析表"中的编码对应。

八、资源开发与利用

（一）教材编写与使用

教材的编写应以课程标准为依据，反映物流行业的最新技术和发展趋势，突出实用性、先进性和趣味性，以结构化知识体系编排教学内容，以场景化业务体系编排实训内容，体现工学结合、项目驱动、任务引领、行动导向，并通过学校、企业、协会等的合作共同完成。本课程作为中职阶段市场营销专业的专业核心课程，最重要的是要激发学生对物流行业的热爱，所以在编写教材时更要侧重趣味性。

（二）数字化资源开发与利用

根据教育信息化的趋势和学生接受信息方式的变化，以有利于教师教学、方便学生自学、引导学生爱学、保证学生学好为基本出发点，开发课程数字化资源。

课程数字化资源应包括教学要求、教学重点难点、课程教学设计、学生学习手册、电子教材、电子演示文稿、教学案例、媒体素材、学生作品、参考资料、习题练习、作业试题等。

九、教学建议

（一）教学方法

坚持"工学结合、理实一体"的理念，强化"做中学、做中教""讲学做练评改一体化"的思路。在具体的教学方法上，以项目教学、案例教学、任务教学、情境教学、体验教学、企业（实训基地）实地教学为主导，以讲授法、讨论法、演示法、练习法为辅助，充分利用校内外实训基地和移动互联网，引导学生学会自主学习、合作学习、案例学习，创造性地解决物流问题。

（二）教学条件

（1）多媒体教室。课程教学全部采用多媒体教学。
（2）校内实训室。课程的校内实训、学生的部分作业需在校内实训室完成。
（3）校外实训基地。为保证学生体验各业态的物流运作，要求学生到校外实训基地进行市场调研、实地教学或请相关人员协助教学、讲解、示范。

十、教学评价

本课程实行形成性考核。其中，基础知识考核占总评价的30%，形成性考核占总评价的70%。形成性考核中，出勤情况占10%，课堂表现占10%，项目完成情况占80%。

评价内容多向化：既关注学生对知识的理解，也考查学生对实际操作能力的掌握程度；既留意学生在实践中运用知识解决实际问题能力的提高，也重视规范操作、安全文明生产等职业素质的形成和节约能源、节省原材料与爱护设备、保护环境等意识与观念的树立。

评价主体多元化：基础知识的评价形式主要为试卷；形成性考核中的出勤情况和课堂表现由教师评价，项目完成情况由教师、企业代表、学生共同评价，教师评价占70%，企业代表互相评价占20%，学生自我评价占10%。

附：物流基础课程结构分析图（见图2-7）

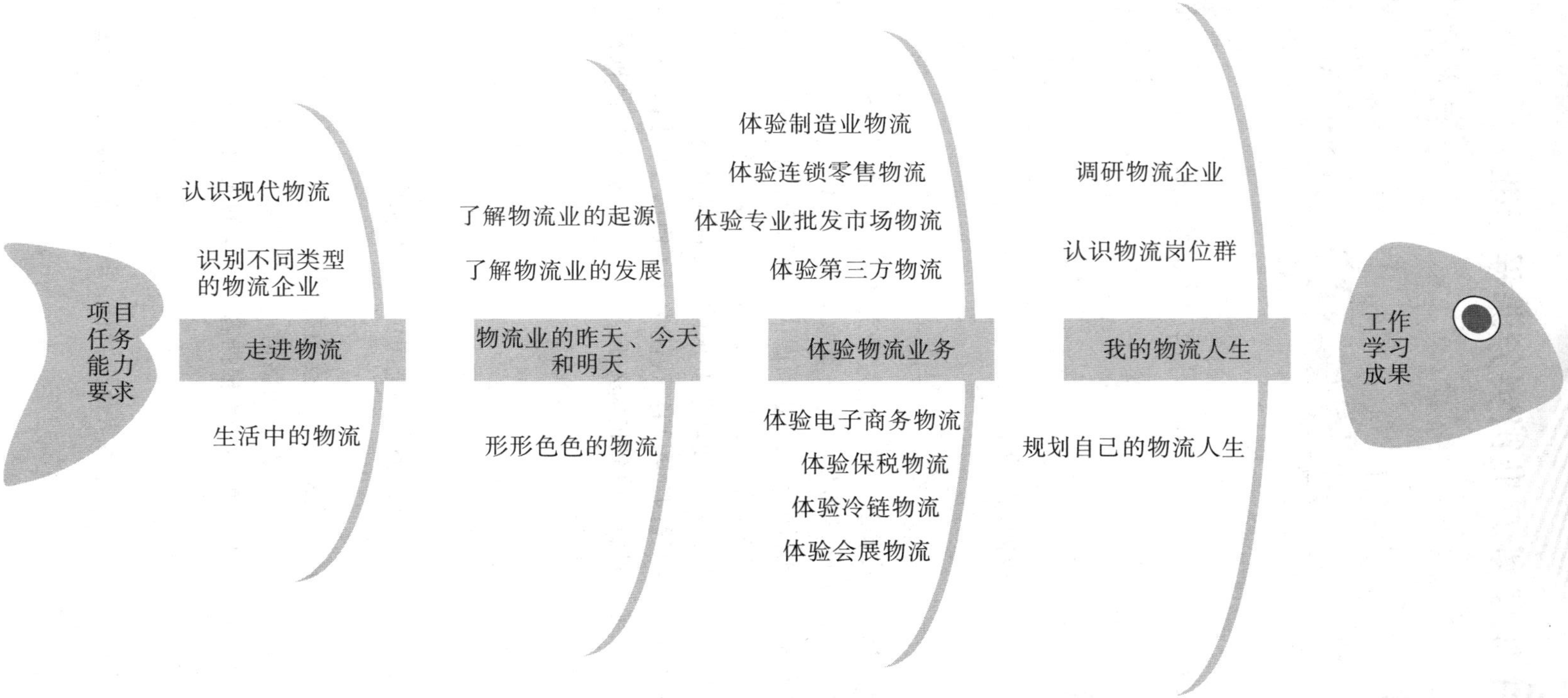

图2-7 物流基础课程结构分析图

项目任务能力要求：

- 走进物流
  - 认识现代物流
  - 识别不同类型的物流企业
  - 生活中的物流

- 物流业的昨天、今天和明天
  - 了解物流业的起源
  - 了解物流业的发展
  - 形形色色的物流

- 体验物流业务
  - 体验制造业物流
  - 体验连锁零售物流
  - 体验专业批发市场物流
  - 体验第三方物流
  - 体验电子商务物流
  - 体验保税物流
  - 体验冷链物流
  - 体验会展物流

- 我的物流人生
  - 调研物流企业
  - 认识物流岗位群
  - 规划自己的物流人生

工作学习成果

（撰稿人：余硕秋、郭玉柱、赖高雄）

中职学段：推销实务课程标准

一、课程名称

推销实务。

二、适用专业

既适用于中高职衔接的中职市场营销专业，又适用于中职市场营销专业、电子商务专业。

三、课程性质

专业方向课程、项目课程、技能训练课程。

四、课程设计

本课程总体设计思路是以现代推销工作的全过程为主线设计课程结构。课程内容的选取紧紧围绕推销工作中的各个重要环节，充分考虑学生对知识、技能和态度的要求，以项目化模式开展教学和实训。项目内容主要包括现代推销认知、推销计划、推销准备、寻找顾客、接近顾客、推销洽谈、客户异议处理、促成成交、客户管理等内容。

每个项目以任务模块组织教学活动，使教学要求贴近商品推销岗位工作实际，体现中等职业教育的实践性特征。本课程的学习和实践使学生了解商品推销的基本原理，熟悉商品推销的基本策略，熟练掌握商品推销的基本技巧，具有较强的商品推销能力和从事市场营销岗位工作的基本职业能力。

五、课程教学目标

1. 认知目标

了解商品推销的基本理论知识，熟悉商品推销岗位的基本流程。

2. 能力目标

具有理论联系实际能力，运用理论知识分析推销案例；具备商务礼仪知识，能够组建推销团队，塑造良好的自我推销形象；能够灵活运用推销洽谈的方法及技巧；能够应对销售反馈问题，具备处理客户投诉的能力；能根据客户异议的成因快速处理客户异议，促成交易。

3. 情感目标

责任心强，有安全意识，具有良好的团队合作精神，具备吃苦耐劳、严谨且勇于实践的工作态度，热爱推销工作。

六、参考学时与学分

参考学时：72 学时。

参考学分：4 学分。

七、课程结构（见表 2-8）

表 2-8 推销实务课程结构

序号	学习任务（单元、模块）	职业能力	知识、技能、态度要求	教学活动设计	学时
1	现代推销认知	01-02、03-03、15-01、44-03	了解现代推销的含义、过程及方式模式，能够根据企业和商品的特点正确选择和运用现代推销的方式及模式，具有团队合作、沟通交流的能力以及安全责任意识	（1）自我推销演练 （2）推销方式与推销模式训练	6
2	推销计划	10-01、23、35-02、45-08	了解推销计划的含义和类型，能够正确编制个人推销计划及部门推销计划，具有团队合作、沟通交流能力以及安全责任意识	（1）个人推销计划编制训练 （2）部门推销计划编制训练	6
3	推销准备	03-03、15-01、41、44-03	明确推销员良好形象的要求，注重礼仪规范，具有认真负责的工作态度，具有团队合作、沟通交流以及自主学习能力	（1）个人职业形象分析及展示 （2）团队组建 （3）情景模拟	6
4	寻找顾客	16-01、16-03、24-02、33-01、42-01	了解寻找准客户的途径和方法，能够对准顾客的需求、支付能力、购买决策权及信用限度进行正确审查，具有团队合作、沟通交流能力以及安全责任意识	（1）搜集资料，分组讨论 （2）学生自行选择推销商品，确定准顾客资格审查标准，列出准顾客名单（项目训练）	6
5	接近顾客	15-01、18-01、35、45-01、45-08	了解约见的主要内容，掌握约见的方式，并能正确制订拜访计划，做好接近客户的准备工作，能熟练运用接近客户的基本方法，具有团队合作、沟通交流能力以及安全责任意识	（1）制订正确的拜访计划 （2）以小组为单位，根据拜访计划提供资料，演示接近客户的各种方法，提高学生接近客户的成功率（设计情境，角色扮演）	6

续上表

序号	学习任务 (单元、模块)	职业能力	知识、技能、态度要求	教学活动设计	学时
6	推销洽谈	24-02、 44-02、 44-03、 45-01	了解推销洽谈的内容，熟练掌握推销洽谈的步骤，能够灵活运用推销洽谈的各种方法进行商品推销，具有团队合作、沟通交流能力以及安全责任意识	(1) 推销洽谈步骤的实训 (2) 推销洽谈方法及技巧实训	12
7	客户异议处理	01-03-03、 45-06	了解客户异议的类型及成因，能够正确运用客户异议处理的方法和技巧处理各种异议，具有团队合作、沟通交流、解决问题的能力以及安全责任意识	(1) 分组讨论，举例说明 (2) 处理客户异议模拟训练 (3) (播放视频片段) 处理客户异议成功案例，拓展学生思维	12
8	促成交易	19-02、 24-02、 45-06、 45-08	能够识别和判断客户的成交信号，有针对性地灵活运用不同的成交策略和成交方法，具有团队合作、沟通交流、信息处理能力以及安全责任意识	(1) 促成交易实训 (2) 观看推销视频	12
9	客户管理	01-02、 01-03、 16-04、 33-01、 45-08	了解客户服务的含义和类型，能正确运用ABC法、大客户管理方法，具有团队合作、沟通交流、信息处理能力以及安全责任意识	(1) 资料搜集，案例讨论 (2) 情景模拟	6
			合计		72

注:"职业能力"编码与附录"1.中高职衔接市场营销专业职业能力分析表"中的编码对应。

八、资源开发与利用

(一) 教材编写与使用

教材的编写应依据课程标准，构建以任务引领为依据的课程内容体系，反映市场营销行业最新的推销技术和发展趋势，突出实用性、先进性和可操作性，以结构化知识体系编排教学内容，以项目化业务为体系编排实训内容，体现工学结合、项目驱动、任务引领、行动导向，并通过学校、企业、协会等的合作共同完成。教材编写应以推销实务的工作任务和职业能力分析为依据，激发学生对推销工作的热爱、追求，培养创造性思维。教材内容应凸显实践性、应用性和层次性，强调与营销岗位业务相吻合，易学、易懂、易接受，体现小组合作和"以学生为中心"的教学理念。

（二）数字化资源开发与利用

根据教育信息化的趋势和学生接受信息方式的变化，以有利于教师教学、方便学生自学、引导学生爱学、保证学生学好为基本出发点，开发课程数字化资源。

课程数字化资源应包括课程教学设计、教案、PPT课件、微课、实训视频、实训素材、教学案例、参考资料、习题练习、作业试题等。

九、教学建议

（一）教学方法

坚持"工学结合、理实一体"的理念，强化"做中学、做中教""创设情境确定任务—自主学习，协助学习—效果评价"的思路。在具体的教学方法上，以项目教学、案例教学、任务教学、角色扮演、情境教学、体验教学、分组实训为主导，以讲授法、讨论法、演示法、练习法为辅助，充分利用校内外实训基地和现代网络，引导学生学会自主学习、合作学习、案例学习，创造性地解决市场营销中的问题。

（二）教学条件

（1）多媒体教室。课程教学全部采用多媒体教学。
（2）校内实训室。课程的校内实训、学生的部分作业需要在校内实训室完成。
（3）校外实训基地。为保证学生及时了解市场营销企业，一般要求学生到校外实训基地进行市场调研或聘请相关企业人员协助教学，进行讲解、示范等。

十、教学评价

本课程实行综合考核方法。包括日常考核、期中考核和期末考核相结合的方法。日常考核占30%，包括出勤、上课纪律、课堂回答问题等共占50%；书面作业及实训占50%。期中、期末考核采用纸质试卷的方式考试，分别占总评价的30%和40%。

评价内容多向化：既关注学生对知识的理解，也考查学生对实际操作能力的掌握程度；既留意学生在实践中运用知识解决实际问题能力的提高，也注重学生的学习态度、合作意识等职业素质的形成。

评价主体多元化：理论知识的评价主体为试卷；平时成绩的考核由教师、学生代表、学生共同评价，其中教师评价占60%，学生代表互相评价占20%，学生自我评价占20%。

评价方式多样化：教师评价与学生评价相结合，集体评价与个人评价相结合，学校评价与企业评价相结合。

附：推销实务课程结构分析图（见图2-8）

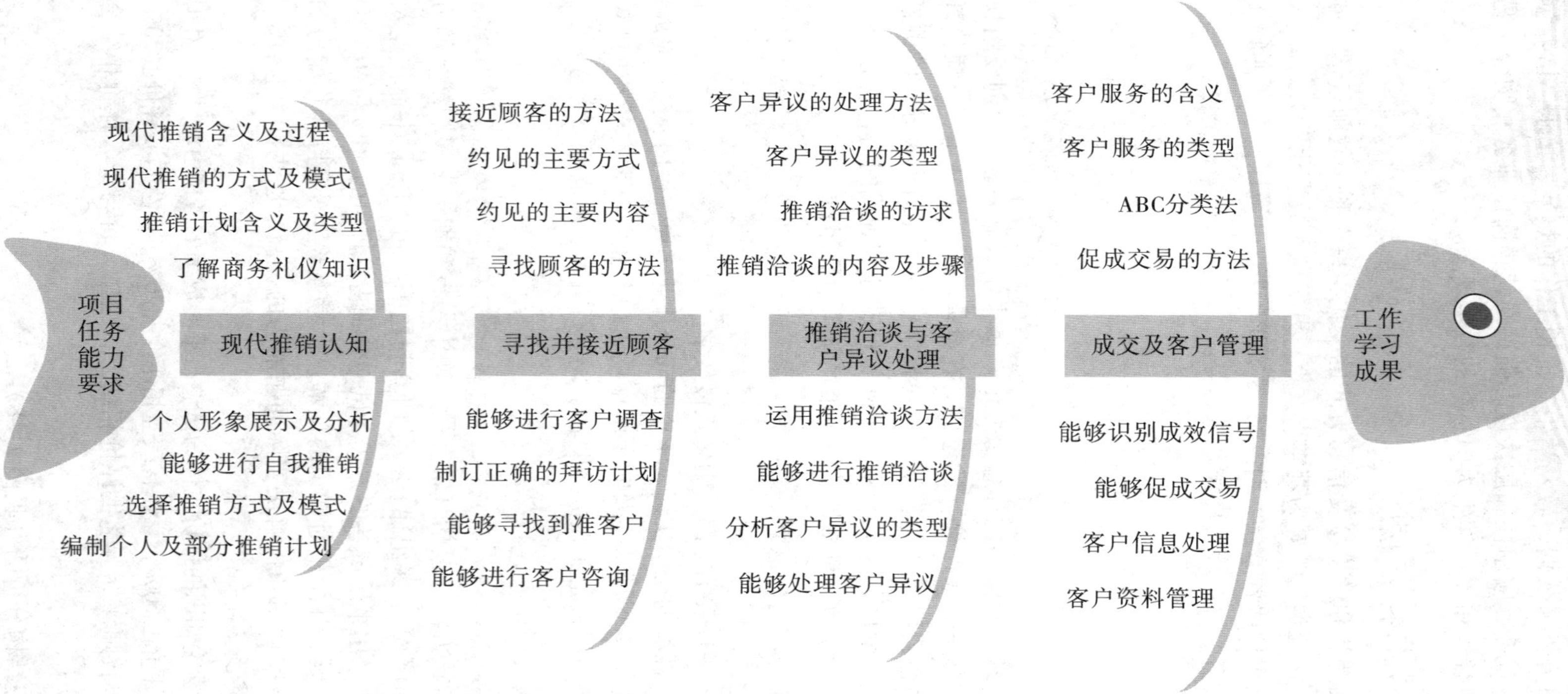

图2-8 推销实务课程结构分析图

工作学习成果

成交及客户管理
- 客户服务的含义
- 客户服务的类型
- ABC分类法
- 促成交易的方法
- 能够识别成效信号
- 能够促成交易
- 客户信息处理
- 客户资料管理

推销洽谈与客户异议处理
- 客户异议的处理方法
- 客户异议的类型
- 推销洽谈的方法
- 推销洽谈的内容及步骤
- 运用推销洽谈方法
- 能够进行推销洽谈
- 分析客户异议的类型
- 能够处理客户异议

寻找并接近顾客
- 接近顾客的方法
- 约见的主要方式
- 约见的主要内容
- 寻找顾客的方法
- 能够进行客户调查
- 制订正确的拜访计划
- 能够寻找到准客户
- 能够进行客户咨询

现代推销认知
- 现代推销含义及过程
- 现代推销的方式及模式
- 推销计划含义及类型
- 了解商务礼仪知识
- 个人形象展示及分析
- 能够进行自我推销
- 选择推销方式及模式
- 编制个人及部分推销计划

项目任务能力要求

（撰稿人：梁雪贤、杜耀国）

中职学段：连锁经营实务课程标准

一、课程名称

连锁经营实务。

二、适用专业

既适用于中高职衔接的中职市场营销专业，又适用于中职的市场营销专业。

三、课程性质

专业方向课程、技能训练课程。

四、课程设计

本课程以连锁经营实务工作的全过程为主线设计课程结构。内容的选取紧紧围绕连锁经营实务的基本理论知识，充分考虑学生对知识、技能和态度的要求，以项目化模式开展教学和实训。

项目内容主要包括连锁经营的基本特征、采购管理、销售管理、储存管理、收银管理、防损管理、店长日常管理、连锁企业开店与策划等内容。通过本课程的学习和实践，使学生明确连锁经营的重要性，掌握连锁经营管理的基本原理和技巧，具有较强的连锁经营的实际操作能力，并具备从事市场营销岗位工作的基本职业能力。

五、课程教学目标

1. 认知目标

了解连锁经营实务的基本理论知识，熟悉连锁经营活动的流程及岗位要求。

2. 能力目标

能够填报各类数据报表，掌握服务礼仪及服务规范，具备卖场商品管理、卖场损耗管理的能力，能够进行周期盘点，能够进行订单沟通并落实订单，能够进行货款跟进服务，能够组织并参与促销活动。具有理论联系实际的能力，运用理论知识分析连锁经营企业案例，为从事连锁经营岗位工作打下良好的基础。

3. 情感目标

具有良好的团队合作精神，具备诚实守信、善于沟通、勇于开拓、吃苦耐劳的品质，从而为发展职业能力奠定基础。

六、参考学时与学分

参考学时：72 学时。

参考学分：4 学分。

七、课程结构（见表 2-9）

表 2-9　连锁经营实务课程结构

序号	学习任务（单元、模块）	职业能力	知识、技能、态度要求	教学活动设计	学时
1	连锁企业认知	15-01、21-01、45-07	了解连锁经营是什么，能识别不同类型的连锁经营企业，理解连锁经营的基本特征	通过网络查询各种连锁经营模式的企业，说明它们之间的区别	6
2	连锁企业商品及促销管理	02、03-03、19-02、19-03、29-01	了解卖场商品分类管理方法及 POP 广告促销，掌握商品结构定位，灵活运用商品组合的策略，能够进行促销人员管理	（1）连锁企业调研 （2）制作一幅 POP 广告	12
3	连锁企业服务管理	03-03、19-04、20-02、45-01、45-06	了解销售服务的含义、服务内容、服务理念，能够熟练掌握营业员接待顾客的礼仪规范及技巧，能处理顾客投诉	（1）以小组为单位，通过网络搜集服务用语，并进行分类编辑 （2）让学生设计情景反复演练	10
4	连锁企业收银管理	19-01、27-01、27-02、27-03、27-04	了解收银员工作的特点及主要职责，掌握收银员岗位的全部服务礼仪及结算操作规范	（1）收银员礼仪模拟实训 （2）收银员结算过程操作的模拟实训	6
5	连锁企业防损与安全管理	04-01、45-06、45-08	了解门店耗损的产生与防范，掌握门店失窃事件的防范与处理，理解门店安全管理及重要性	通过参观各种类型的连锁企业，能够找出门店消防的隐患，并为该门店制定消防管理措施	10
6	连锁企业仓储管理	02-07、02-08、04-02、04-03、26-01、31-03	了解仓库作业管理的内容及注意事项，熟悉门店收货、调拨、退换货作业管理，掌握商品盘点管理	（1）以小组为单位分组讨论：连锁企业门店有哪些方法能够降低库存管理的成本，增加企业的效益呢 （2）参加企业盘点	12

续上表

序号	学习任务（单元、模块）	职业能力	知识、技能、态度要求	教学活动设计	学时
7	连锁企业店长管理	03-02、28-01、45-01、45-04	认识连锁企业店长的管理职责，了解连锁企业店长的作业流程	参观不同业态的连锁店，分析说明店长作业管理的工作重点	8
8	连锁企业开店管理	07-02、07-04、38-01、38-02	明确连锁企业开店的基本程序，能够根据选址的条件及程序制定选址方案和模拟开店选址	以小组为单位进行讨论：为开设一家便利店进行选址，提交分析报告，在课堂上进行交流，并评选出最佳"开店方案"	8
合计					72

注："职业能力"编码与附录"1. 中高职衔接市场营销专业职业能力分析表"中的编码对应。

八、资源开发与利用

（一）教材编写与使用

教材的编写应依据课程标准，构建以任务引领为依据的课程内容体系，反映连锁经营行业的最新技术和发展趋势，突出实用性、先进性和可操作性，以结构化知识体系编排教学内容，以项目化业务为体系编排实训内容，体现工学结合、项目驱动、任务引领、行动导向，通过学校、企业、协会等的合作共同完成。教材编写应以连锁经营实务的工作任务和职业能力分析为依据，激发学生对连锁经营工作的热爱、追求，培养学生创造性思维。教材内容应凸显实践性、应用性和层次性，强调与连锁经营业务岗位相吻合，易学、易懂、易接受，以体现小组合作和"以学生为中心"的教学理念。

（二）数字化资源开发与利用

根据教育信息化的趋势和学生接受信息方式的变化，以有利于教师教学、方便学生自学、引导学生爱学、保证学生学好为基本出发点，开发课程数字化资源。

课程数字化资源应包括课程教学设计、电子教案、PPT课件、微课视频、实训素材、教学案例、参考资料、作业题库等。

九、教学建议

（一）教学方法

坚持"工学结合、理实一体"的理念，强化"做中学、做中教""创设情境确定任务—自主学习，协助学习—效果评价"的思路。在具体的教学方法上，以项目教学、案例教学、任务教学、角色扮演、情境教学、体验教学、分组实训为主导，以讲授法、讨论法、演示法、练习法为辅助，充分利用校内外实训基地和现代网络，引导学生学会自主学习、合作学习、案例学习，创造性地解决连锁经营活动中的问题。

（二）教学条件

（1）多媒体教室。课程教学全部采用多媒体教学。
（2）校内实训室。课程的校内实训、学生的部分作业需要在校内实训室完成。
（3）校外实训基地。为保证学生及时了解市场营销企业，一般要求学生到校外实训基地进行市场调研或聘请相关企业人员协助教学，进行讲解、示范等。

十、教学评价

本课程实行综合考核方法。包括日常考核、期中考核和期末考核相结合的方法。日常考核占30%，包括出勤情况、上课纪律、课堂回答问题等，共占50%；书面作业及实训占50%。期中、期末考核采用试卷的方式考试，分别占总评价的30%和40%。

评价内容多向化：既关注学生对知识的理解，也考查学生对实际操作能力的掌握程度；既留意学生在实践中运用知识解决实际问题能力的提高，也注重学生的学习态度、小组活动团结合作等职业素质的形成。

评价方式多样化：教师评价与学生评价相结合，集体评价与个人评价相结合，学校评价与企业评价相结合。

附：连锁经营实务课程结构分析图（见图2-9）

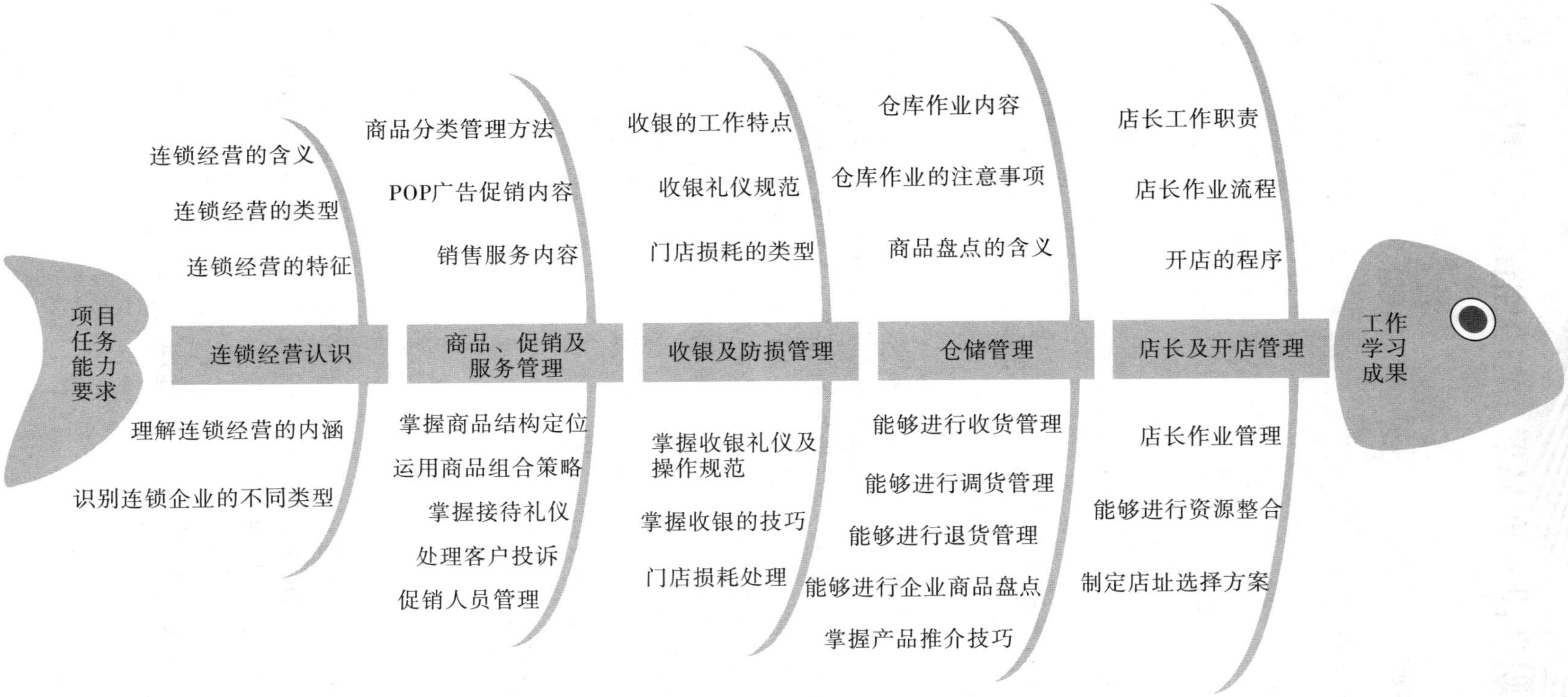

图 2-9 连锁经营实务课程结构分析图

（撰稿人：杜耀国、梁香贤）

中职学段：商品展示与促销课程标准

一、课程名称

商品展示与促销。

二、适用专业

既适用于中高职衔接的市场营销专业，又适用于中职的市场营销专业和连锁经营管理专业。

三、课程性质

专业方向课程、项目课程、技能训练课程。

四、课程设计

本课程立足于商品展示与促销等市场营销节点，以学生职业岗位需求为导向、以专业设计与制作的工作任务为引领、以操作能力为主线，选择与市场营销专业和连锁经营管理方向工作任务相关的操作内容，在合理整合商品展示与促销知识体系的基础上，按照促销地点的"维护购物环境—卖场商品管理—促销人员管理—制定方案—服务项目"和主办方的"信息汇总及分析—熟悉产品及市场—销售服务—组织促销活动—宣传推广"的基本作业流程，将课程设计按照难易程度以循序渐进的方式组合，由浅入深、从易到难地培养学生的商品展示与促销能力。

每个项目按照"教、学、做"一体化的流程完成，形成项目效果。所有项目的成果最后合成为一个完整的商品展示与促销实务策划书。

五、课程教学目标

1. 认知目标

具有商品展示与促销的基本理论知识，熟悉商品展示与促销工作的内容与技巧。

2. 能力目标

能够根据教师发布的任务进行分组，完成销售情况总结，能够进行信息汇总，在实操过程中，掌握商品陈列、堆垛摆放的方法，能够正确运用促销工具；在情景模拟中，熟练运用销售服务用语，提供优质的销售服务。

3. 情感目标

具备认真刻苦、勇于实践的工作作风，严谨的工作态度、敬业精神，良好的团队协作意识。

六、学时与学分

参考学时:72学时。

参考学分:4学分。

七、课程结构(见表2-10)

表2-10 商品展示与促销课程结构

序号	学习任务（单元、模块）	职业能力	知识、技能、态度要求	教学活动设计	学时
1	熟悉产品及市场	23-02-01、23-02-02、23-02-03	了解公司的规章制度,熟悉公司的产品和发展历史。能够对公司的产品和市场做出合理分析与判断。具有热爱工作的态度和团队合作的工作意识	(1)相关公司的发展历史 (2)对市场进行合理分析	6
2	卖场商品管理	02-01-01、02-01-02、02-01-03、02-01-05、02-02-02	掌握卖场陈列原则、商品分类陈列的方式与方法,清楚促销堆垛摆放的技巧以及交叉陈列的理念、方式和方法。能够将商品分类并合理陈列,会准备促销道具(如海报等),具有认真负责、耐心细致、勇于创新的态度以及良好的团队合作意识	(1)调研商店的商品陈列 (2)展示调研结果,并进行知识点总结 (3)在实训基地进行现场实物的商品陈列	12
3	销售服务	28	了解销售服务的宗旨,熟悉销售服务的流程,掌握销售服务的技巧;能够为销售提供良好的服务;具备较强的销售服务意识	(1)讲解销售流程 (2)扮演销售服务	4
4	维护购物环境	01-01-01、01-01-02、01-01-03	清楚卖场的环境标准,能维持卖场的物品整洁,保持卖场卫生干净,为顾客创造舒适、愉快、整洁的购物环境,清楚购物环境在营销中的重要性,具有认真负责、耐心细致的工作态度	(1)模拟创办企业 (2)评价商店的购物环境 (3)展示调研结果,并进行知识点总结 (4)在实训基地进行实际操作	4

续上表

序号	学习任务（单元、模块）	职业能力	知识、技能、态度要求	教学活动设计	学时
5	了解产品	41-01-01、41-01-02、41-02-01、41-02-02	了解和掌握产品的生产工艺、性能、原材料及其相关资料。能够向顾客熟练介绍有关产品的信息，并能够解答顾客提出关于产品的有关问题消除顾客的疑虑，在顾客挑选产品时给出合理建议。具有耐心细致、认真负责的工作态度，善于倾听和沟通，并具备从中获取有效信息的能力	（1）对产品进行分组讨论，总结出该产品的相关资料（2）进行市场调研，找出与之前讨论产品有竞争关系产品的相关资料（3）模拟向顾客介绍产品，并解答相关疑问（4）实训基地顶岗实习	6
6	服务项目	19-02-02、19-02-05、19-03-03、19-03-04	了解促销信息的内容，掌握发布促销信息的方法；能够根据不同的促销信息选择不同的发布方法；具有认真负责、耐心细致的工作态度	（1）分组讨论促销信息的内容（2）分组练习每种发布信息方法	4
7	组织促销活动	29	了解促销活动流程，掌握如何让促销信息传达到尽可能多的顾客，熟悉最好的促销位置，能布置好促销现场，抓住黄金时段，制造现场气氛，做好日常性的检查监督。具有认真负责、耐心细致的工作态度和服务意识	（1）分辨最佳促销位置（2）模拟布置促销场地作业（3）促销活动实操	12
8	促销人员管理（人力资源管理）	03-01-02、03-02-01、03-03-01、03-03-02、03-03-03	了解排班规则，熟悉总结昨天的销售情况，安排当天的工作任务，会使用标准服务用语，按公司标准展示良好的服务，具有认真负责、耐心细致的工作态度和服务意识	（1）模拟排班作业（2）安排工作任务实操（3）调研促销人员工作情况	8

续上表

序号	学习任务 （单元、模块）	职业能力	知识、技能、态度要求	教学活动设计	学时
9	信息汇总及分析	21	了解各种销售反馈信息的类型和内容，掌握信息汇总的方法；能够利用汇总信息进行分析并做出合理判断；具有较强的分析能力及洞察能力	（1）识别类型 （2）汇总方法	2
10	宣传推广	35	了解宣传推广的基本原则和基本方法，掌握制定宣传推广方案要领，能达到宣传推广的具体目标，能准确完成宣传推广任务。具有认真负责、耐心细致的工作态度和服务意识	（1）撰写宣传推广方案 （2）宣传推广流程模拟操作	6
11	制定及执行推广方案	10-03-01、 10-03-02	了解促销推广方案的制定标准及注意事项。能够根据领导制订的销售计划，努力达成目标，并根据不同的季节、节日、主题，协助策划不同的促销活动，同时配合主题实施促销活动。具有认真负责、耐心细致、积极思考、敢于开拓创新的态度以及良好的团队合作意识	（1）列举并讨论一次印象较为深刻的促销活动推广方案 （2）为实训超市制定促销推广方案	8
合计					72

注："职业能力"编码与附录"1. 中高职衔接市场营销专业职业能力分析表"中的编码对应。

八、资源开发与利用

（一）教材编写与利用

教材的编写应根据课程标准，构建以任务引领为依据的课程内容体系，反映物流行业最新技术和发展趋势，突出实用性、先进性和可操作性，以结构化知识体系编排教学内容，以项目化业务体系编排实训内容，体现工学结合、项目驱动、任务引领、行动导向，并通过与学校、企业、协会等的合作共同完成。教材编写应以商品展示与促销所涵盖的工作任务和职业能力分析为依据，激发学生对商品展示与促销作业的喜爱。教材内容应凸显实践性、应用性和层次性的特征，强调与岗位业务相吻合，易学、易懂、易接受，以体现小组合作和"以学生为中心"的理念。

（二）数字化资源开发与利用

根据教育信息化的趋势和学生接受资讯方式现代化的特点，以有利于教师教学、方便学生自学、引导学生爱学、保证学生学好为基本出发点，开发课程数字化资源。课程数字化资源应包括教学设计、PPT教师课件、实训视频、实训素材、教学案例、学生优秀作品、参考资料、作业试题等。

九、教学建议

（一）教学方法

坚持"工学结合、做学一体"的理念，强化"做中学、做中教""创设情境确定任务—自主学习，协助学习—效果评价"的思路在具体的教学方法上，以项目教学、案例教学、任务教学、角色扮演、情境教学、体验教学、分组实训为主导，以讲授法、讨论法、演示法、练习法为辅助，充分利用校内外实训基地和现代网络，引导学生学会自主学习、合作学习、案例学习，创造性地解决商品展示与促销问题。

（二）教学条件

（1）多媒体教室。课程教学全部采用多媒体教学。
（2）校内实训室。部分作业需在校内实训室完成。
（3）校外实训基地。为了保证学生及时、充分了解实体店的展示与促销作业，要求学生到校外实训基地顶岗实习并进行实际操作或聘请相关人员协助教学，进行讲解、示范等。

十、教学评价

本课程实行形成性考核和期中、期末考核相结合的方法。形成性考核占总评价的40%，其中：出勤情况占10%，课堂表现占10%，项目完成情况占80%。期中、期末考核则采用试卷的方式考试，分别占总评价的20%和40%。

评价内容多向化：既关注学生对知识的理解，也考查学生对实际操作能力的掌握程度；既留意学生知识在实践中运用与解决实际问题的能力水平的提高，也重视调查总结、规范操作、准确的数字计算能力、创新能力、善于倾听和表达、服务意识等职业素养的形成和责任心、团队合作、维持工作环境整洁、爱护商品和设备等意识与观念的树立。

评价主体多元化：理论知识的评价主体为试卷；形成性考核中的出勤情况和课堂表现由教师评价，项目完成情况由教师、学生代表、学生共同评价，其中教师评价占60%，学生代表互相评价占20%，学生自我评价占20%。

评价方式多样化：教师评价与学生评价相结合，集体评价与个人评价相结合，学校评价与企业评价相结合。

评价呈现多样性：注重过程性评价与结果性评价、定性评价与定量评价、现状评价和趋势评价的有机结合。

附：商品展示与促销课程结构分析图（见图2-10）

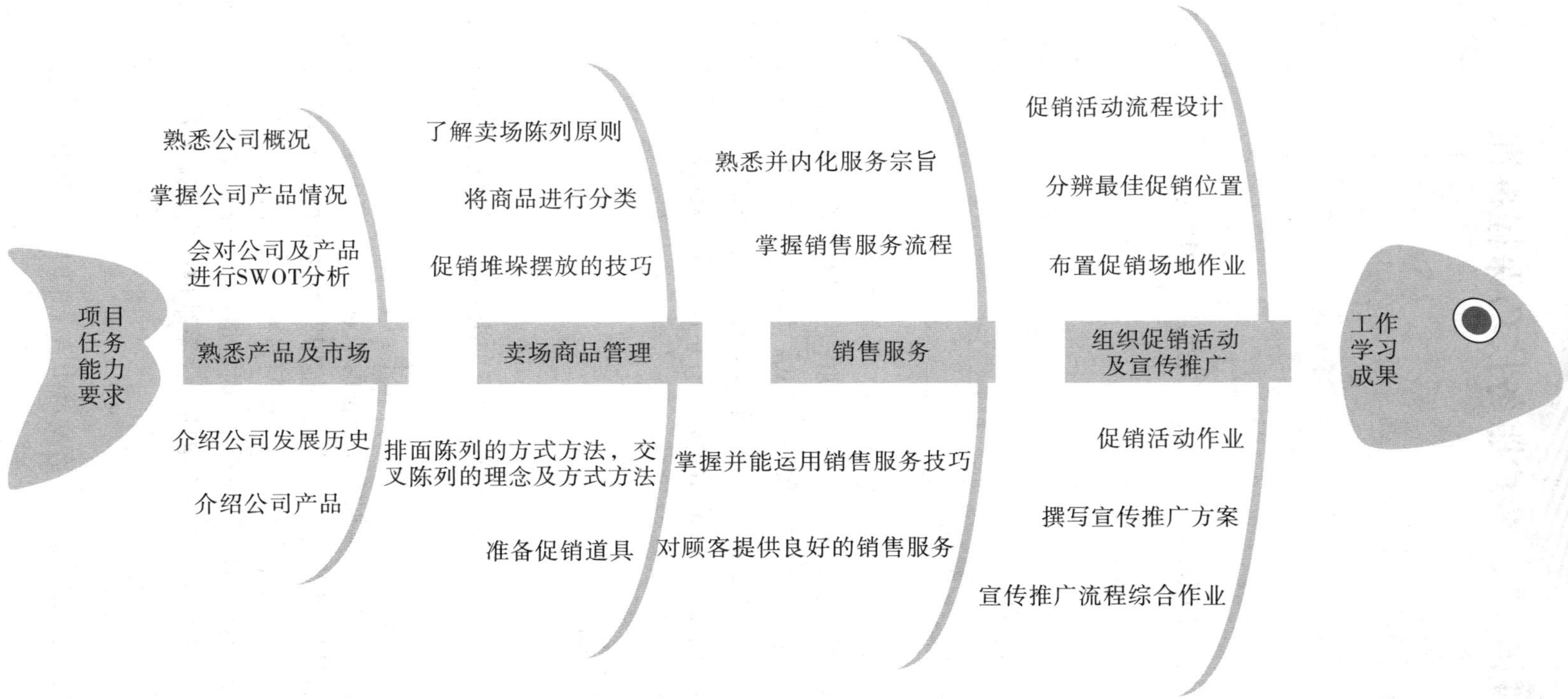

下　篇
中高职衔接市场营销专业课程标准

项目任务能力要求

熟悉公司及市场
- 熟悉公司概况
- 掌握公司产品情况
- 会对公司及产品进行SWOT分析
- 介绍公司发展历史
- 介绍公司产品

卖场商品管理
- 了解卖场陈列原则
- 将商品进行分类
- 促销堆垛摆放的技巧
- 排面陈列的方式方法，交叉陈列的理念及方式方法
- 准备促销道具

销售服务
- 熟悉并内化服务宗旨
- 掌握销售服务流程
- 掌握并能运用销售服务技巧
- 对顾客提供良好的销售服务

组织促销活动及宣传推广
- 促销活动流程设计
- 分辨最佳促销位置
- 布置促销场地作业
- 促销活动作业
- 撰写宣传推广方案
- 宣传推广流程综合作业

工作学习成果

图2—10　商品展示与促销课程结构分析图

（撰稿人：姚雪洁、梁慧如、周盼盼）

中职学段：客户服务技巧课程标准

一、课程名称

客户服务技巧。

二、适用专业

既适用于中高职衔接的中职市场营销专业，又适用于中职的市场营销专业和电子商务专业。

三、课程性质

专业方向课程、技能训练课程。

四、课程设计

本课程以实际工作内容为出发点，结合实例，了解客户服务的含义及客户服务的分类、内容及重要性。熟悉客户服务人员的职业要求；了解客户服务人员的技能要求；了解商务礼仪知识，了解沟通的基本要素和基本方式。具有良好的沟通能力、协调能力及较强的语言表达能力。了解客户投诉的原因及有效处理客户投诉的意义；掌握处理面谈、信函、电话等投诉技巧；能进行投诉数据分析，培养客户服务人员的基本素质，树立客户服务意识。

五、课程教学目标

1. 认知目标

具备客户服务的基本理论知识，掌握客户服务的沟通技巧及客户投诉的处理技巧。

2. 能力目标

客户服务的理念渗透在客服人员的言行举止中，了解与掌握客户沟通和服务技巧；掌握客户抱怨和投诉的沟通技巧；掌握相关岗位的职业要求，提升学生在相关岗位的职业能力、职业素养。能利用网络发布促销信息，能跟踪投递海报，使用问卷调查，组织促销回访；能运用办公软件和办公设备；能利用网络搜集客户信息；能及时更新客户资料。能阅读电子目录；能根据情境分析判断并及时反馈信息；能对数据进行评价和分析；能制订满意度调查计划，对大客户进行不定期的关系维护；能跟踪客户库存系统信息，分析客户库存周转合理性。

3. 情感目标

具备服务意识、具有热情细致的工作态度及团队合作的工作意识，责任心强、具备危机处理能力。

六、参考学时与学分

参考学时：72 学时。

参考学分：4 学分。

七、课程结构（见表 2-11）

表 2-11　客户服务技巧课程结构

序号	学习任务（单元、模块）	职业能力	知识、技能、态度要求	教学活动设计	学时
1	认识客户服务	01-01、01-02、01-03、45-03、45-04、45-05	了解客户服务的含义及客户服务的分类、内容及重要性。熟悉客户服务人员的职业要求。了解客户服务人员的技能要求。培养客户服务人员的基本素质。树立客户服务意识	（1）案例分析 （2）小组研讨 （3）模拟演示	8
2	客户服务礼仪	19-01、43-04、44-01、44-02、44-03、44-04	了解商务礼仪知识（如引见、引导入座、奉茶、馈赠等）。掌握客户电话服务礼仪及名片使用礼仪。注意服务态度。注重仪容仪表，着装正式行为得体	（1）案例分析 （2）模拟演示	18
3	客户服务中的沟通技巧	01-02、01-03、44-01、44-02、44-04、45-01	了解沟通的基本要素和基本方式。具有良好的沟通能力、协调能力及有较强的语言表达能力。掌握倾听技巧。能运用现代信息技术与人进行沟通。能有效参与各类会议并能清晰表达观点。能运用现代多媒体技术进行主题演讲。能清晰汇报工作并能明确下达做任务。能根据主题收集资料	（1）案例分析 （2）小组研讨 （3）模拟演示	14
4	客户投诉的处理技巧	20-04、39-01、39-02、39-03、45-02、45-06、45-07	了解客户投诉的原因及有效处理客户投诉的意义。掌握处理面谈、信函、电话等投诉技巧。能进行投诉数据分析（单数、比例、金额）。能识别危机并针对危机做出反应	（1）客户投诉案例分析 （2）危机公关处理	12

续上表

序号	学习任务（单元、模块）	职业能力	知识、技能、态度要求	教学活动设计	学时
5	退货管理	26-01、26-02、26-03	掌握客户退货的原因。列出客户退货的明细。提交样品进行鉴定。能根据公司、客户销售信息，筛选退货内容，根据筛选后的内容，填写退货申请表，提交退货申请表给相关部门	（1）统计退货原因 （2）登记退货处理操作	10
6	网络时代的客户服务	19-02、20-01、28-03、39-02、45-01、45-02、45-07	能利用网络发现顾客，发布促销信息，能跟踪海报投递，使用问卷调查，组织促销回访。能运用办公软件办公设备。能利用网络搜集客户信息。能及时更新客户资料。能阅读电子目录，能根据情境分析判断并及时将信息反馈，能对数据进行评价和分析。能制订满意度调查计划，对大客户进行不定期的关系维护。能跟踪客户库存系统信息，分析客户库存周转合理性	（1）用Excel等办公软件制作报表操作 （2）调查问卷的设计 （3）客户访问表的设计	10
合计					72

注："职业能力"编码与附录"1. 中高职衔接市场营销专业职业能力分析表"中的编码对应。

八、资源开发与利用

（一）教材编写与使用

教材的编写应根据课程标准构建以任务引领为依据的课程内容体系，反映市场营销行业的最新技术和发展趋势，突出实用性、先进性和可操作性，教材的编写体现工学结合、项目驱动、任务引领、行动导向，并通过与学校、企业、协会等的合作共同完成，应以客户服务所涵盖的工作任务和职业能力为依据，激发学生对客户服务的热爱。教材内容应凸显实践性、应用性和层次性的特征，强调与岗位业务相吻合，易学、易懂、易接受，以体现小组合作和"以学生为中心"的理念。

（二）数字化资源开发与利用

根据教育信息化的趋势和学生接受信息方式的特点，以有利于教师教学、方便学生自学、引导学生爱学、保证学生学好为基本出发点，开发课程数字化资源。

课程数字化资源应包括课程教学设计、PPT 教师课件、实训视频、教学案例、学生优秀作品、参考资料、习题练习、模拟场景、作业试题等。

九、教学建议

（一）教学方法

坚持"工学结合、理实一体"的理念，强化"做中学、做中教""创设情境确定任务—自主学习，协助学习—效果评价"的思路。在具体的教学方法上，以项目教学、案例教学、任务教学、角色扮演、情境教学、体验教学、分组讨论实操为主导，以讲授法、谈话法、讨论法、演示法、练习法为辅助，充分利用校内外实训基地和现代网络，引导学生学会自主学习、合作学习、案例学习，创造性地解决客户服务技巧相关的问题。

（二）教学条件

多媒体教室。课程教学全部采用多媒体教学。

校内实训室。课程的校内实训、学生的部分作业需在校内实训室内完成。

校外实训基地。为保证学生对客户服务技巧有充分的了解，一般要求学生到校外实训基地进行调研或聘请相关人员协助教学，进行讲解、示范等。

十、教学评价

本课程采用形成性考核和期中、期末考核相结合的方法。形成性考核占总评价的40%，其中：出勤情况占10%，课堂表现占10%，项目完成情况占80%。期中、期末考核则采用机试和纸质试卷的方式考试，分别占总评价的20%和40%。

评价内容多向化：既关注学生对知识的理解，也考查学生对实际操作能力的掌握程度；既留意学生在实践中运用知识解决实际问题能力的提高，也重视规范操作、具有热情细致的工作态度及团队合作的工作意识，责任心强、具有危机处理能力的培养。

评价主体多元化：理论知识的评价主体为试卷；形成性考核中的出勤情况和课堂表现由教师评价，项目完成情况由教师、学生代表、学生共同评价，其中教师评价占60%，学生代表互相评价占20%，学生自我评价占20%。

评价方式多样化：教师评价与学生评价相结合，集体评价与个人评价相结合，学校评价与企业评价相结合。

评价呈现多样性：注重过程性评价与结果性评价、定性评价与定量评价、现状评价和趋势评价的有机结合。

附：客户服务技巧课程结构分析图（见图 2－11）

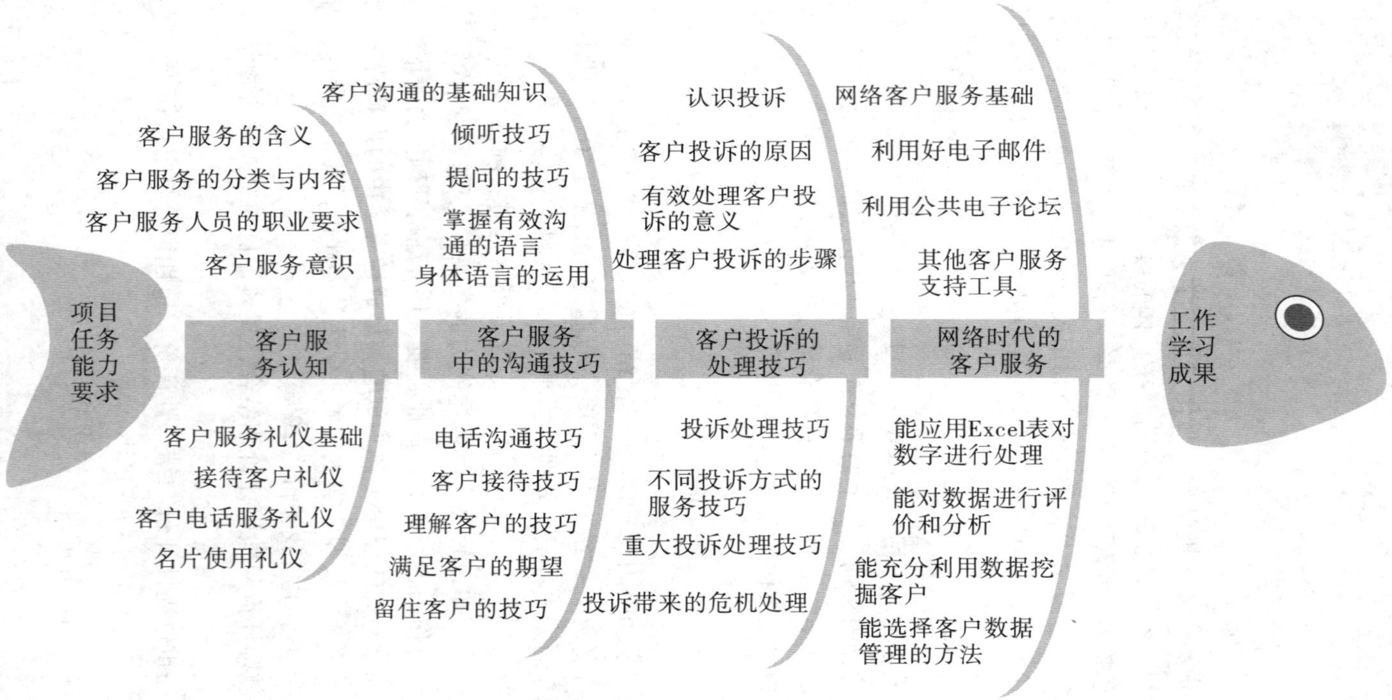

图2-11 客户服务技巧课程结构分析图

（摆稿人：黄　丽、汪培生）

项目任务能力要求：

- 客户服务意识
  - 客户服务的含义
  - 客户服务的分类与内容
  - 客户服务人员的职业要求
  - 客户服务意识

- 客户服务认知
  - 客户服务礼仪基础
  - 接待客户礼仪
  - 客户电话服务礼仪
  - 名片使用礼仪

- 客户服务中的沟通技巧
  - 客户沟通的基础知识
  - 倾听技巧
  - 提问的技巧
  - 掌握有效沟通的语言
  - 身体语言的运用
  - 电话沟通技巧
  - 客户接待技巧
  - 理解客户的技巧
  - 满足客户的期望
  - 留住客户的技巧

- 客户投诉的处理技巧
  - 认识投诉
  - 客户投诉的原因
  - 有效处理客户投诉的意义
  - 处理客户投诉的步骤
  - 投诉处理技巧
  - 不同投诉方式的服务技巧
  - 重大投诉处理技巧
  - 投诉带来的危机处理

- 网络时代的客户服务
  - 网络客户服务基础
  - 利用好电子邮件
  - 利用公共电子论坛
  - 其他客户服务支持工具
  - 能应用Excel表对数字进行处理
  - 能对数据进行评价和分析
  - 能充分利用数据挖掘客户
  - 能选择客户数据管理的方法

工作学习成果

中职学段：客户数据管理课程标准

一、课程名称

客户数据管理。

二、适用专业

既适用于中高职衔接的中职市场营销专业，又适用于中职的市场营销专业和电子商务专业。

三、课程性质

专业方向课程、项目课程、技能训练课程。

四、课程设计

本课程立足于客户数据的管理分析，在掌握搜集客户信息、建立顾客档案的基础上，了解前台咨询及接听服务热线，能按规定合理妥善解决问题，能通过询问、沟通获得有效信息。了解目标客户群，掌握搜集客户信息，填写登记表，发放会员卡，建立顾客档案，及时更新客户资料，筛选优质客户，进行合理搭配。了解营销专业术语及缩写，掌握登记退换货和调整商品结构，提交样品进行鉴定，了解行业新发展与新动态，熟悉产品与服务，熟悉经营与服务政策。培养对数字的敏感性，能对数据进行评价和分析，能根据情境分析判断并及时反馈信息。

每个项目按照"教、学、做"的流程完成，形成项目成果，所有项目的成果最后合成为一份完整的客户数据管理策划书。

五、课程教学目标

1. 认知目标

具备客户数据管理的基本理论知识，熟悉客户数据管理的流程。

2. 能力目标

能够根据教师发布的学习任务进行分组，搜集客户信息，填写登记表，发放会员卡建立顾客档案，及时更新客户资料，应用 Excel 表对数据进行处理，掌握 OA 系统的应用。培养对数字的敏感性，能对数据进行评价和分析，能根据情境分析判断并及时反馈信息。熟悉各类报表指标内容，能够填写日报、周报、月报表，能够运用 Excel 等办公软件制作日报、周报、月报、季报、年报，能够制作信息回馈表及其他表格。能主动提出合理化建议解决工作问题。了解售前咨询，掌握处理客户投诉的方法。

3. 情感目标

具备服务意识、具有热情细致的工作态度及团队合作意识，责任心强、具有危机处理能力。

六、参考学时与学分

参考学时：72 学时。

参考学分：4 学分。

七、课程结构（见表 2-12）

表 2-12　客户数据管理课程结构

序号	学习任务 （单元、模块）	职业能力	知识、技能、态度要求	教学活动设计	学时
1	客户数据管理岗位的认知	16-01、 45-01、 45-03、 45-06	了解客户数据管理岗位，了解前台咨询及接听服务热线，能按规定合理妥善解决问题，能通过询问、沟通获得有效信息。发现问题并能及时反馈，清晰领悟上级指令并按时按质完成任务	（1）模拟前台咨询 （2）模拟接听服务热线	4
2	建立客户档案	16-02、 16-03、 31-02、 33-01、 45-01、 45-07	了解目标客户群。搜集客户信息，填写登记表，发放会员卡，建立顾客档案，及时更新客户资料，筛选优质客户，进行合理搭配。了解第三方调查机构，掌握选择调查方式：问卷调查、电话调查，能根据主题收集第一、二手资料。具有热情细致的工作态度及团队合作的工作意识	（1）客户登记表的设计制作 （2）会员卡信息处理操作 （3）筛选优质客户操作	8
3	产品与服务	16-01、 16-03、 16-04、 26-01、 45-03、 45-04、 45-09	了解营销专业术语及缩写，能登记退换货和调整商品结构，提交样品进行鉴定，了解行业新发展与新动态，熟悉产品与服务，熟悉经营与服务政策。具有热情细致的工作态度及团队合作的工作意识	（1）经营与服务政策讲授 （2）登记退换货 （3）调整商品结构	8

续上表

序号	学习任务（单元、模块）	职业能力	知识、技能、态度要求	教学活动设计	学时
4	数据管理系统的使用	21-02、21-03、45-01、45-02、45-07	了解CRM系统，对CRM系统会进行简单运用。掌握应用Excel表对数字进行处理，熟悉Excel表应用，掌握OA系统的应用。培养对数字的敏感性，能对数据进行评价和分析，能根据情境分析判断并及时将信息反馈。具有热情细致的工作态度及团队合作的工作意识	（1）CRM系统操作 （2）Excel表数据处理 （3）操作OA系统 （4）进行数据评价和分析讲授及操作	28
5	报表管理	21-01、31-01、45-07	熟悉各类报表指标内容，能够填写日报、周报、月报表，能够运用Excel等办公软件制作日报、周报、月报、季报、年报，制作信息回馈表及其他表格。填写需及时、准确、完整，具有热情细致的工作态度及团队合作的工作意识	（1）讲授各类报表指标内容 （2）填写日报、周报、月报表 （3）用Excel等办公软件制作报表	20
6	客户管理	16-04、21-03、44-04、45-01、45-08	了解售前咨询，掌握通过口头书面形式交流分享信息，能清晰领悟上级指令按时按质完成任务，能有效参与各类会议并能清晰表达观点，能主动提出合理化建议解决工作问题。掌握客户投诉处理方法。具备服务意识、安全防护意识，具有热情细致的工作态度及团队合作的工作意识，责任心强，具有危机处理能力	（1）售前咨询内容讲授 （2）客户投诉处理的操作	4
			合计		72

注："职业能力"编码与附录"1. 中高职衔接市场营销专业职业能力分析表"中的编码对应。

八、资源开发与利用

（一）教材编写与使用

教材的编写应根据课程标准，构建以任务引领为依据的课程内容体系，反映市场营销行业的最新技术和发展趋势，突出实用性、先进性和可操作性，体现工学结合、项目驱动、任务引领、行动导向，并通过与学校、企业、协会等的合作共同完成。教材编写应以客户数据管理所涵盖的工作任务和职业能力为依据，激发学生对客户数据管理的热爱。教材内容应凸显实践性、应用性和层次性的特征，强调与岗位业务相吻合，易学、易懂、易接受，以体现小组合作和"以学生为中心"的理念。

（二）数字化资源开发与利用

根据教育信息化的趋势和学生接受信息方式的特点，以有利于教师教学、方便学生自学、引导学生爱学、保证学生学好为基本出发点，开发课程数字化资源。

课程数字化资源应包括课程教学设计、PPT教师课件、实训视频、教学案例、学生优秀作品、参考资料、习题练习、模拟场景、作业试题等。

九、教学建议

（一）教学方法

坚持"工学结合、理实一体"的理念，强化"做中学、做中教""创设情境确定任务—自主学习，协助学习—效果评价"的思路。在具体的教学方法上，以项目教学、案例教学、任务教学、角色扮演、情境教学、体验教学、分组讨论实操为主导，以讲授法、谈话法、讨论法、演示法、练习法为辅助，充分利用校内外实训基地和现代网络，引导学生学会自主学习、合作学习、案例学习，创造性地解决客户数据管理问题。

（二）教学条件

（1）多媒体教室。课程教学全部采用多媒体教学。
（2）校内实训室。课程的校内实训、学生的部分作业需在校内实训室完成。
（3）校外实训基地。为保证学生对客户数据管理有充分的了解，一般要求学生到校外实习基地进行调研或聘请相关人员协助教学，进行讲解、示范等。

十、教学评价

本课程采用形成性考核和期中、期末考核相结合的方法。形成性考核占总评价的40%，其中：出勤情况占10%，课堂表现占10%，项目完成情况占80%。期中、期末考核则采用机试和试卷的方式考试，分别占总评价的20%和40%。

评价内容多向化：既关注学生对知识的理解，也考查学生对实际操作能力的掌握程度；既留意学生在实践中运用知识解决实际问题能力的提高，也重视规范操作。

评价主体多元化：理论知识的评价主体为试卷；形成性考核中的出勤情况和课堂表现由教师评价，项目完成情况由教师、学生代表、学生共同评价，其中教师评价占60%，学生代表互相评价占20%，学生自我评价占20%。

评价方式多样化：教师评价与学生评价相结合，集体评价与个人评价相结合，学校评价与企业评价相结合。

评价呈现多样性：注重过程性评价与结果性评价、定性评价与定量评价、现状评价和趋势评价的有机结合。

附：客户数据管理课程结构分析图（见图2-12）

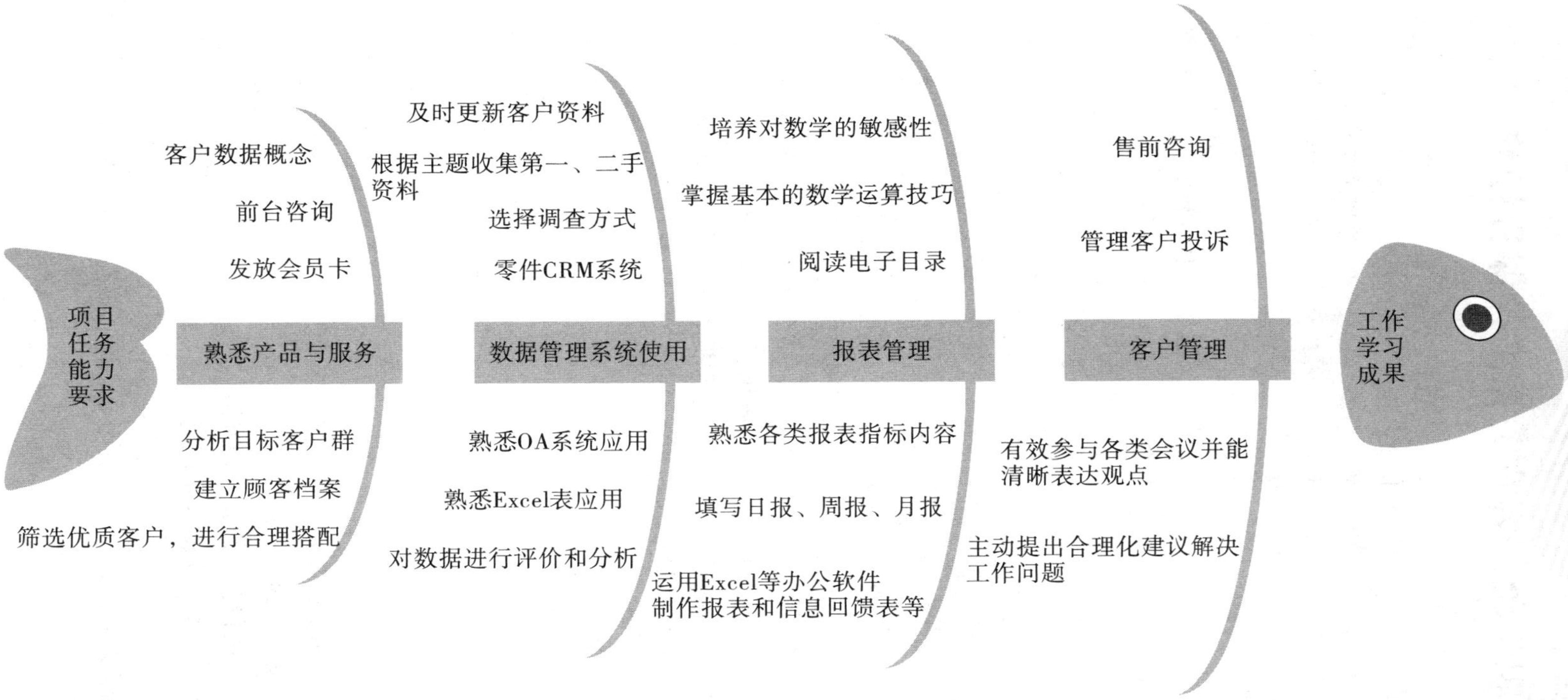

下 篇
中高职衔接市场营销专业课程标准

图2-12 客户数据管理课程结构分析图

项目任务能力要求：

客户数据概念
- 前台咨询
- 发放会员卡
- 及时更新客户资料
- 根据主题收集第一、二手资料
- 选择调查方式
- 零件CRM系统

熟悉产品与服务
- 分析目标客户群
- 建立顾客档案
- 筛选优质客户，进行合理搭配

数据管理系统使用
- 熟悉OA系统应用
- 熟悉Excel表应用
- 对数据进行评价和分析
- 培养对数学的敏感性
- 掌握基本的数学运算技巧
- 阅读电子目录

报表管理
- 熟悉各类报表指标内容
- 填写日报、周报、月报
- 运用Excel等办公软件制作报表和信息回馈表等

客户管理
- 售前咨询
- 管理客户投诉
- 有效参与各类会议并能清晰表达观点
- 主动提出合理化建议解决工作问题

工作学习成果

（撰稿人：黄 丽、刘志英）

中职学段：客户关系维护课程标准

一、课程名称

客户关系维护。

二、适用专业

既适用于中高职衔接的中职市场营销专业，又适用于中职的市场营销专业、电子商务专业、农村经济综合管理专业（连锁店经营方向）。

三、课程性质

专业方向课程。

四、课程设计

本课程紧扣市场营销类专业人才培养的需要，循序渐进、简明扼要、条理清晰地编写了客户关系维护的核心框架内容，按照"认识客户关系、客户信息收集、客户分类、客户关系维护目标、客户关系维护方法"的思路，结合实操案例、模拟训练、企业实践等方法，力求做到体系完整而又重点突出，强化"教、学、做"一体化的职业教育理念，使学生通过本书的学习，能够全面、清晰地掌握客户关系维护的思路和方法、操作技能，为就业或升学打下良好的基础。

五、课程教学目标

1. **认知目标**

懂得客户关系维护的重要性，知道客户关系维护的目标、思路和基本方法。

2. **能力目标**

（1）客户信息收集、整理和简单分析能力。

（2）对客户进行恰当分类。

（3）学会使用与客户沟通的工具，具备沟通能力。

（4）处理简单客户投诉、纠纷的能力。

（5）掌握实现客户满意和忠诚的思路和方法。

（6）懂得客户服务的基本工作流程及规范。

3. **情感目标**

爱岗敬业，尊重和关爱客户，做事认真耐心，懂得换位思考，懂得控制情绪，以良好的心态维护客户关系。

六、参考学时与学分

参考学时：72 学时。

参考学分：4 学分。

七、课程结构（见表 2–13）

表 2–13　客户关系维护课程结构

序号	学习任务（单元、模块）	职业能力	知识、技能、态度要求	教学活动设计	学时
1	认识客户关系	01–02–01、45–04–03、45–05–01	（1）具有良好的服务态度和耐心 （2）商品知识学习、销售技术学习 （3）具有良好的合作与团队意识	换位思考： （1）假如你是消费者，你希望商家以怎样的态度、方式对你，怎样服务才好 （2）换成你是商家，你怎么做 （3）情景模拟，同学点评	10
2	客户信息收集	01–03–01、33–01–01、33–01–05、45–07–01、45–07–03	（1）搜集客户资料 （2）能运用办公软件办公设备 （3）能及时更新客户资料 （4）分析客户资料 （5）了解客户需求	（1）头脑风暴：分组列出收集的该客户信息有哪些；看哪个组列出的最全面；再综合全部答案，奖励考虑最全面的那组 （2）分组对某一客户的资料收集比赛。评分内容包括收集效率、团队精神、成果整理、总结	18
3	客户分类	33–01–02、33–01–04、33–03–02	（1）了解客户信用 （2）对客户进行合理分类 （3）筛选优质客户，进行合理搭配	市场调查活动：把我国的手机市场用户进行分类；写好调查方法、分类依据、具体分类方案；描述各种类型客户的特点	12

续上表

序号	学习任务（单元、模块）	职业能力	知识、技能、态度要求	教学活动设计	学时
4	客户关系维护目标	33-02-02、39-02-01、39-02-02、39-02-03、45-06-01	（1）能发现识别问题并能及时反馈 （2）把控客户关系维护质量 （3）对大客户不定期的关系维护 （4）制订客户满意度调查计划 （5）能有效地提高客户忠诚度	总结自己感到满意的一次消费经历，说说自己最忠诚的产品或服务，说明原因及自己体验和心路历程	14
5	客户关系维护方法	01-02-02、01-03-02、33-02-01、33-04-01、33-04-02、39-01-02、45-06-02	（1）具有良好的沟通能力 （2）掌握倾听的技巧 （3）针对不同等级客户制定不同政策 （4）对不同等级客户选择不同回访方式 （5）具备处理投诉的能力 （6）能按规定合理妥善解决问题 （7）针对危机，做出反应	（1）会员制成功案例分析（大润发等） （2）典型危机处理案例分析 （3）典型话题沟通、剧本编写及模拟表演	18
合计					72

注："职业能力"编码与附录"1. 中高职衔接市场营销专业职业能力分析表"中的编码对应。

八、资源开发与利用

（一）教材编写与使用

教材的编写应以客户关系维护的产生及发展规律为依据，反映新技术及服务理念的应用，结合教学活动展示相关知识技能实用性、思考性、趣味性，以结构化知识体系编排教学内容，以项目化、情景化编排实训内容，体现工学结合、项目驱动、任务引领、行动导向，并通过与学校、企业等的合作共同完成。本课程作为中职阶段，最重要的技能训练课程，注重学生对基础专业知识、技能的熟悉与运用，在编写教材时要更侧重实用性、团队性。

（二）数字化资源开发与利用

根据教育信息化的趋势和学生接受资讯方式现代化的特点，以有利于教师教学、方便学生自学、引导学生爱学、保证学生学好为基本出发点，开发课程数字化资源。

课程数字化资源应包括教学要求、教学重点难点、课程教学设计、电子教材、电子演示文稿、教学案例、视频、学生作品、参考资料、作业试题等。

引导学生使用互联网资源，如通过搜索引擎、专业网站、教学资源网站、微信公众号、专业论坛等拓展对相关知识的学习和相关技能练习。

九、教学建议

（一）教学方法

坚持"工学结合、理实一体"的理念，强化"做中学、做中教""讲学做练评改一体化"的思路。在具体的教学方法上，以项目教学、案例教学、任务教学、情境教学、体验教学为主导，以讲授法、讨论法、演示法、练习法、游戏法为辅助。若有客户关系管理 ERP 软件或类似功能软件参与教学，效果会更好。在客户信息收集方面可以多使用互联网工具。

（二）教学条件

（1）多媒体教室。课程教学过程主要采用多媒体教学。
（2）计算机教室、互联网。客户信息收集、整理、分析等内容的实操需要。

十、教学评价

日常成绩占最终成绩的 50%，包括对学生的出勤、听课和讨论等表现记录的打分以及平时业务实训的综合成绩。本课程实行形成性考核。其中，基础知识考核占总评价的 30%，形成性考核占总评价的 70%。形成性考核中，出勤情况占 10%，课堂表现占 10%，作业完成情况占 80%。

附：客户关系维护课程结构分析图（见图 2-13）

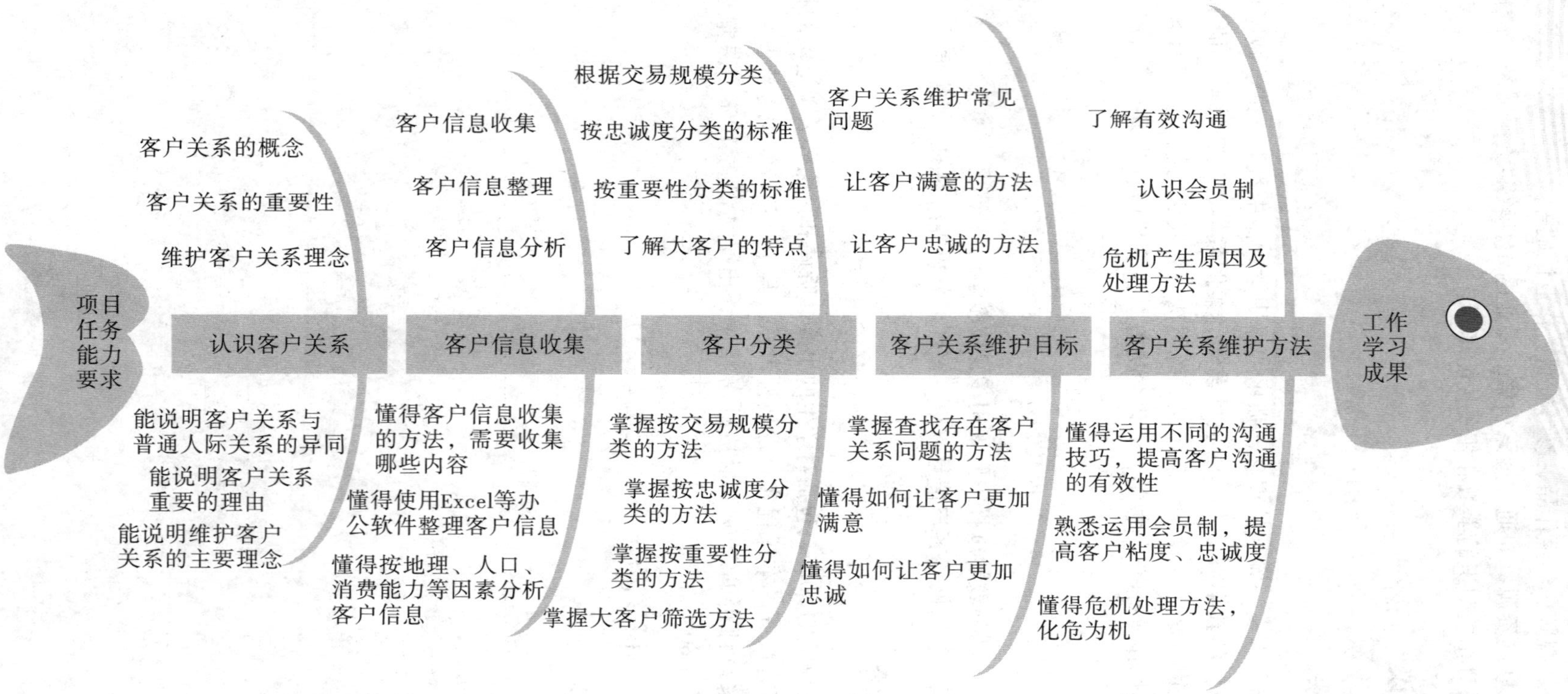

客户关系维护课程结构分析图

项目任务能力要求

认识客户关系
- 客户关系的概念
- 客户关系的重要性
- 维护客户关系理念

能力要求：
- 能说明客户关系与普通人际关系的异同
- 能说明维护客户关系重要的理由
- 能说明维护客户关系的主要理念

客户信息收集
- 客户信息收集
- 客户信息整理
- 客户信息分析

能力要求：
- 懂得客户信息收集的方法、需要哪些内容
- 懂得使用Excel等办公软件整理客户信息
- 懂得按地理、人口、消费能力等因素分析掌握大客户信息

客户分类（根据交易规模分类）
- 客户关系维护常见问题
- 按忠诚度分类的标准
- 按重要性分类的标准
- 了解大客户的特点

能力要求：
- 掌握按交易规模分类的方法
- 掌握按忠诚度分类的方法
- 掌握按重要性分类的方法
- 掌握大客户筛选方法

客户关系维护目标
- 让客户满意的方法
- 让客户忠诚的方法

能力要求：
- 掌握查找存在客户关系问题的方法
- 懂得如何让客户更加满意
- 懂得如何让客户更加忠诚

客户关系维护方法
- 了解有效沟通
- 认识会员制
- 危机产生原因及处理方法

能力要求：
- 懂得运用不同的沟通技巧，提高客户沟通的有效性
- 熟悉运用会员制，提高客户粘度、忠诚度
- 懂得危机处理方法，化危为机

工作学习成果

图2-13 客户关系维护课程结构分析图

（撰稿人：叶志锋）

高职学段：市场营销课程标准

一、课程名称

市场营销。

二、适用专业

既适用于中高职衔接的高职市场营销专业，又适用于高职市场营销专业。

三、课程性质

本课程是高职学段市场营销专业设置的专业核心课程，也是实践性很强的项目课程。本课程以就业为导向，以市场营销典型工作过程为主线，以完成市场营销典型工作任务为内容，在学习市场营销的基本理论与市场营销实践技能的基础上，培养学生相关的市场营销理论能力，训练学生市场营销技能。

四、课程设计

（一）设计思路

本课程以认同职业角色、履行岗位职责、夯实专业基础、掌握专业技能为目标，遵循学习规律，依照市场营销典型工作过程设计课程模块。课程中教学活动设计以工作过程中的技能训练为主线，将知识目标和态度目标包含其中。

（二）内容组织（见表2-14）

表2-14 内容组织

项目	任务	
项目一 感悟现代市场营销	任务一	树立现代市场营销理念
	任务二	创造客户让渡价值
	任务三	营销团队建设
项目二 把握市场机会	任务一	市场营销环境分析
	任务二	识别市场营销机会
	任务三	制定市场营销规划

续上表

项目	任务
项目三 营销组合	任务一 制定产品策略
	任务二 制定价格策略
	任务三 制定促销策略
	任务四 制定渠道策略

五、课程教学目标

1. 认知目标

(1) 认知市场营销职业岗位的工作职责、工作任务及基本的工作流程。

(2) 熟悉市场营销的基本理论和技能。

2. 能力目标

(1) 能完成市场营销典型工作任务。

(2) 能进行市场营销宏观、微观环境分析,能进行 SWOT 分析。

(3) 能运用 STP 方法进行市场细分、选择与定位。

(4) 能灵活运用产品、价格、渠道、促销营销组合策略。

3. 素养目标

(1) 初步形成市场营销职业岗位认同感。

(2) 养成认真工作的态度,培养诚信的职业品质。

(3) 具有市场营销职业工作岗位细致的工作精神。

(4) 具有良好的团队合作能力。

六、参考学时与学分

参考学时:72 学时。

参考学分:4 学分。

七、课程结构（见表 2-15）

表 2-15 市场营销课程结构

序号	学习任务（单元、模块）	职业能力	知识、技能、态度要求	教学活动设计	学时
1	市场营销导论	01、21-01	（1）市场营销基本概念及研究对象与内容 （2）市场营销观念的基本特征以及产生和发展的重要意义 （3）市场营销组合概念与基本构架及特征 （4）市场营销组合理论在企业实践中的意义	（1）营销概念、对象与内容 （2）市场营销观念及特征 （3）营销组合理论	5
2	企业市场营销环境分析	11、12	（1）企业营销的环境因素的概念和特点 （2）营销环境对企业营销行为的影响作用 （3）企业分析和评价营销环境的基本方法	（1）营销环境概念与特点 （2）营销环境对企业的影响 （3）企业分析与营销环境评价基本方法	6
3	市场调查	05、06	（1）市场调查的定义与特点 （2）市场调查的类型、内容及意义 （3）市场调查的程序和方法	（1）市场调查特点 （2）市场调查类型、内容 （3）市场调查程序与方法	5
4	消费者购买行为分析	01-01、01-02、01-03	（1）对顾客行为研究的重要性以及影响其购买行为的主要因素 （2）顾客购买行为的不同类型 （3）购买决策过程和产生的原因 （4）组织市场购买者行为	（1）顾客行为研究、顾客购买行为主要因素 （2）顾客购买行为类型 （3）顾客购买决策过程	6
5	市场细分	32-01、32-02	（1）市场细分的含义与作用 （2）市场细分的具体方法与进行步骤 （3）市场细分的基本原则 （4）企业如何利用市场细分识别具有吸引力的市场	（1）市场细分的具体方法 （2）市场细分的进行步骤 （3）市场细分的基本原则 （4）企业市场细分与识别有吸引力市场	6

续上表

序号	学习任务（单元、模块）	职业能力	知识、技能、态度要求	教学活动设计	学时
6	目标市场选择与市场定位	30-01-05、32-02-01、32-02-02	（1）目标市场的概念与特征 （2）从经济价值角度评价细分市场方法 （3）企业选择目标市场范围模式以及目标市场策略 （4）影响目标市场选择的因素 （5）市场定位概念与差异化前提	（1）目标市场概念 （2）评价细分市场方法 （3）企业目标市场选择 （4）影响目标市场选择主要因素 （5）目标市场定位	6
7	产品策略	34-01、36-01、36-02、39-01	（1）产品整体概念的基本含义 （2）产品组合的含义和类型 （3）产品生命周期不同阶段的主要策略 （4）新产品开发的必要性 （5）产品品牌与包装策略的基本流程	（1）产品整体概念 （2）产品组合含义和类型 （3）产品生命周期策略 （4）新产品开发策略 （5）产品品牌与包装策略	8
8	定价策略	28-04、41-03	（1）营销定价的含义 （2）营销定价的因素 （3）定价的目标与程序 （4）定价的方法和营销定价的基本策略 （5）价格调整的依据和方法	（1）营销定价的含义 （2）营销定价的影响因素 （3）制定定价目标 （4）定价的方法与基本策略	6
9	分销渠道策略	42-02、42-03	（1）分销渠道的概念与作用 （2）渠道策略的不同类型 （3）主要营销中介及其特征 （4）渠道设计与决策的基本步骤 （5）实施分销渠道控制基本方法	（1）分销渠道的概念与作用 （2）渠道策略的不同类型 （3）主要营销的中介及其特征 （4）渠道设计决策的基本步骤 （5）分销渠道控制的基本方法	8
10	销售促进策略	03-01、03-02、08-01	（1）销售促进概念与作用 （2）促销组合策略 （3）四种促销方式特点、形式及其适用性	（1）销售促进概念与作用 （2）促销组合策略 （3）促销方式特点、形式及其适用性	6

续上表

序号	学习任务（单元、模块）	职业能力	知识、技能、态度要求	教学活动设计	学时
11	市场营销计划组织执行控制	30-01、32-01、32-02、32-03、32-04	(1) 市场营销计划、组织、执行与控制，市场营销组织形式 (2) 市场营销组织、市场营销部门与其他部门关系、市场导向型企业文化等 (3) 年度计划控制、赢利能力控制、市场营销审计的方法	(1) 市场营销计划、组织、执行与控制，市场营销组织形式及执行过程 (2) 市场营销组织、营销部门与其他部门关系、市场导向型企业文化等 (3) 年度计划控制、赢利能力控制、市场营销审计的方法	4
12	网络营销	20-01、22-02、22-03	(1) 网络营销的含义 (2) 网络营销的特点及发展 (3) 传统营销与网络营销之间的关系 (4) 网络营销的主要方法	(1) 网络营销的含义 (2) 网络营销的特点及发展 (3) 传统营销与网络营销之间的关系 (4) 网络营销的主要方法	2
13			市场营销软件实训		6
			合计		74

注："职业能力"编码与附录"1. 中高职衔接市场营销专业职业能力分析表"中的编码对应。

八、资源开发与利用

（一）教材编写与使用

（1）教材编写要符合高职院校职业技能教育特点和要求，遵循"以就业为导向、以能力为本位"的职业教育理念，通过工作活动、情景模拟和课后拓展作业相结合的方式组织编写。

（2）教材编写内容：市场营销认知、市场调研、市场营销环境分析、市场营销机会SWOT分析、STP市场细分、选择与定位策略制定、市场营销组合策略制定等。

（二）数字化资源开发与利用

充分利用校园网辅助教学，建设网络教学资源如网络共享课程和精品课程，包括教学大纲、电子教案、教学案例、习题、多媒体等。

九、教学建议

（一）教学方法

（1）本课程采用项目教学，以学生为中心、教师为引导，以市场营销典型工作任务为载体，以培养学生职业能力为目标，让学生在完成工作任务过程中进行专业实践，从而学会专业基本知识及技能，提升综合职业能力。

（2）教学过程中，应以学生为本，关注学生的学习兴趣和体验，注重"教"和"学"的互动，教师示范，学生操作，学生提问，教师解答和指导等。

（3）教学过程中，可创设职业情境，借助于现代信息技术，辅以多媒体等教具，采用角色扮演、情境教学等方法，实现"教、学、做"一体化，教师在做中教、学生在做中学。

（4）教学过程中，教师应积极引导学生提升职业素养，培养学生诚实守信、工作细致、善于沟通和合作的品质。

（二）教学条件

（1）市场营销实训室。
（2）利用市场营销技能实训软件进行综合实训。
（3）稳定的校外实习实践基地。

十、教学评价

（1）教学评价标准应体现任务引领课程特征，体现理论与实践、操作统一，加强实践教学环节的考核，以能否完成任务及完成的情况给予评价。

（2）教学评价方式注重即时评价与延时评价相结合，过程考核与结果考核相结合，结合课堂提问、学生作业、平时测验、技能竞赛、分级设岗、实习实训等任务完成情况和考试情况，采用学生自评与互评、教师评价、社会评价等多种形式，综合评定学生的成绩。

（3）应注重对学生在实践中的动手能力、分析问题和解决问题能力的考核，对在学习和应用上有创新的学生应给予鼓励，综合评价学生的能力。

附：市场营销课程结构分析图（见图2-14）

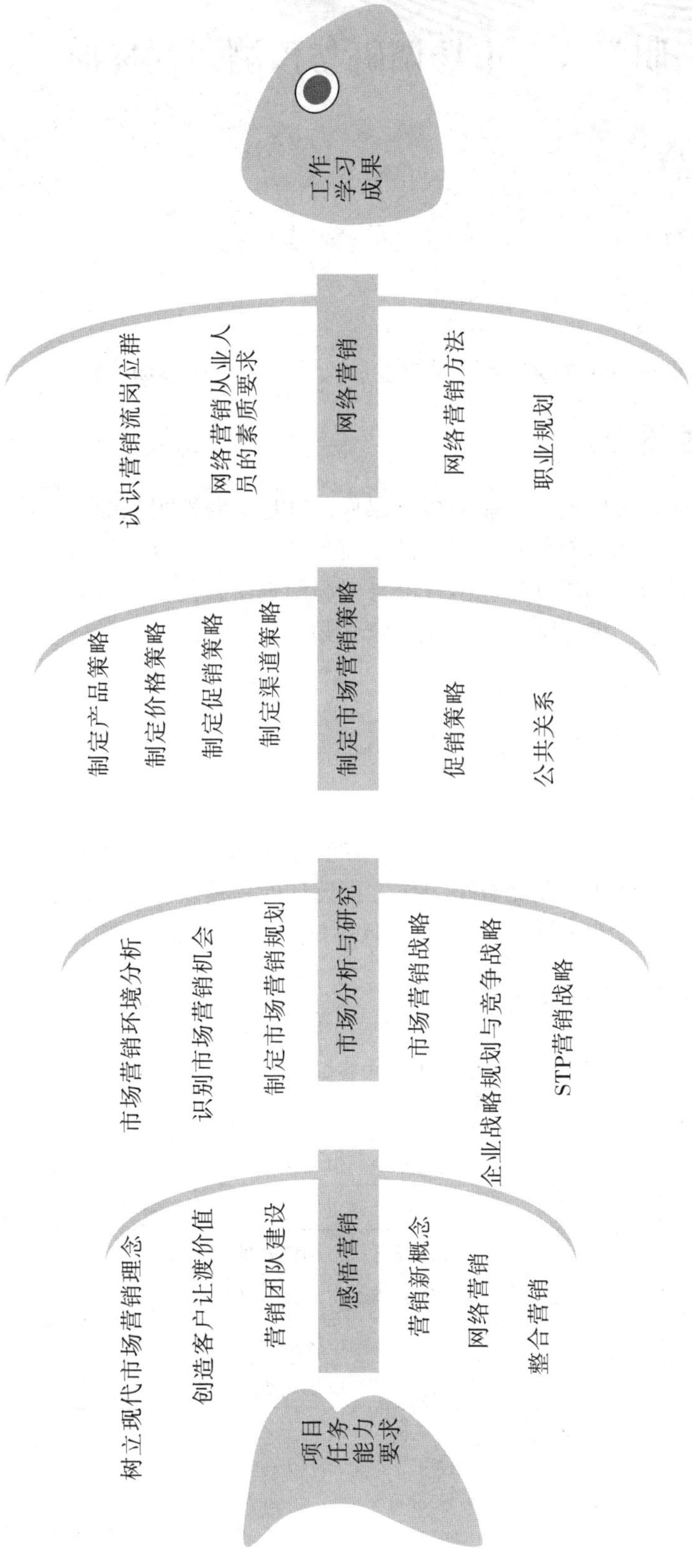

下 篇
中高职衔接市场营销专业课程标准

图2-14 市场营销课程结构分析图

项目任务能力要求：
- 树立现代市场营销理念
  - 市场营销环境分析
  - 创造客户让渡价值
  - 营销团队建设
- 感悟营销
  - 营销新概念
  - 网络营销
  - 整合营销

市场分析与研究：
- 识别市场营销机会
- 制定市场营销规划
- 市场营销战略
  - 企业战略规划与竞争战略
  - STP营销战略

制定市场营销策略：
- 制定产品策略
- 制定价格策略
- 制定促销策略
- 制定渠道策略
- 促销策略
- 公共关系

网络营销：
- 认识营销流岗位群
- 网络营销从业人员的素质要求
- 网络营销方法
- 职业规划

工作学习成果

（撰稿人：张丽华）

高职学段：市场调研与预测课程标准

一、课程名称

市场调研与预测。

二、适用专业

既适用于中高职衔接的高职市场营销专业，又适用于高职市场营销专业。

三、课程性质

本课程是高职学段市场营销专业的核心课程，也是实践性很强的项目课程。本课程以就业为导向、以市场调研与预测典型工作过程为主线、以完成市场调研与预测典型工作任务为内容，在学习市场调查的基本理论与市场调查实践技能的基础上，培养学生相关的市场调查理论能力，训练学生市场调查实践技能。

四、课程设计

（一）设计思路

本课程以认同职业角色、履行岗位职责、夯实专业基础、掌握专业技能为目标，遵循学习规律，依照市场调研与预测典型工作过程设计课程模块。教学活动设计以市场调研与预测工作过程中的技能训练为主线，将知识目标和素养目标蕴含其中。

（二）内容组织（见表2-16）

表2-16　内容组织

项目	任务	
项目一　市场调查前准备工作	任务一	市场调查的含义、特点作用认知
	任务二	市场调查的类型和内容
	任务三	市场调查的基本流程
	任务四	市场调查的机构
项目二　市场调查方案设计	任务一	市场调查方案的认知
	任务二	市场调查方案的制定

续上表

项目	任务
项目三 调查问卷的设计	任务一 调查问卷设计的认知
	任务二 调查问卷问题的设计
	任务三 制作问卷和综合评估
项目四 抽样调查技术	任务一 抽样调查技术的认知
	任务二 抽样调查方案设计的程序
	任务三 抽样调查的方法
项目五 调查资料采集方法	任务一 方案调查法
	任务二 实地调查法——访问法
	任务三 实地调查法——观察法
	任务四 实地观察法——试验法
	任务五 网络调查法
项目六 市场调查的组织实施	任务一 组建调查队伍
	任务二 对调查员的培训
	任务三 管理控制市场调查
项目七 调查数据的整理	任务一 认知资料的整理
	任务二 确认市场调查资料
	任务三 市场调查资料的编码和汇总
	任务四 市场调查资料的展示
	任务五 市场调查资料的分析
项目八 调查数据的分析	任务一 市场调查预测的认知
	任务二 经验判断分析法
	任务三 时间序列分析法
	任务四 回归分析法
项目九 调查数据的报告	任务一 市场调查报告的认知
	任务二 市场调查报告的内容和格式
	任务三 市场调查报告的写作技巧
	任务四 市场调查结果的沟通

五、课程教学目标

1. 认知目标

（1）掌握市场调查职业岗位的工作职责、工作任务及基本的工作流程。

（2）熟悉市场调查的基本理论和技能。

2. 能力目标

(1) 能完成市场调查典型工作任务。
(2) 了解市场调查职业岗位的工作职责、工作任务。
(3) 能进行市场调查准备工作,能进行市场调查方案设计。
(4) 能进行市场调查的组织实施。
(5) 能够进行调查数据的整理与分析。
(6) 能进行市场发展趋势预测。
(7) 能进行市场调查报告的撰写。

3. 素养目标

(1) 初步形成市场调查职业岗位认同感。
(2) 养成认真工作的态度和诚信的职业品质。
(3) 具有市场调查职业工作岗位细致的工作精神、诚信的职业素养。
(4) 具有良好的团队合作能力。

六、参考学时与学分

参考学时:68 学时。
参考学分:4 学分。

七、课程结构(见表 2-17)

表 2-17　市场调研与预测课程结构

序号	学习任务 (单元、模块)	职业能力	知识、技能、态度要求	教学活动设计	学时
1	市场调查前准备工作	05-01、 05-02、 05-03	(1) 市场调查认知 (2) 市场调查的类型和内容 (3) 市场调查的基本流程 (4) 市场调查的机构	(1) 市场调查的认知 (2) 市场调查的类型和内容 (3) 市场调查的基本流程 (4) 市场调查的机构	4
2	市场调查方案的设计	06-01、 06-02、 09-01	(1) 市场调查方案的认知 (2) 市场调查方案的制定	(1) 市场调查方案认知 (2) 市场调查方案制定	6
3	调查问卷设计	09-01	(1) 调查问卷设计的认知 (2) 调查问卷问题的设计 (3) 制作问卷和综合评估	(1) 调查问卷设计的认知 (2) 调查问卷问题的设计 (3) 制作问卷和综合评估	6

续上表

序号	学习任务（单元、模块）	职业能力	知识、技能、态度要求	教学活动设计	学时
4	抽样调查技术	06–01、06–02、06–03	（1）抽样调查的技术认知 （2）抽样调查方案设计的程序 （3）抽样调查的方法	（1）抽样调查的技术认知 （2）抽样调查方案设计的程序 （3）抽样调查的方法	4
5	调查资料采集的方法	07–02、07–03、07–04、07–05	（1）方案调查法 （2）实地调查法——访问法 （3）实地调查法——观察法 （4）实地观察法——试验法 （5）网络调查法	（1）方案调查法 （2）实地调查法——访问法 （3）实地调查法——观察法 （4）实地观察法——试验法 （5）网络调查法	8
6	市场调查的组织实施	06–01、07–01	（1）组建调查队伍 （2）对调查员的培训 （3）管理控制市场调查	（1）组建调查队伍 （2）对调查员的培训 （3）管理控制市场调查	8
7	调查数据整理与分析	07–02、08–01、08–02、08–03	（1）认知资料的整理 （2）确认市场调查资料 （3）市场调查资料编码和汇总 （4）市场调查资料的展示 （5）市场调查资料的分析	（1）认知资料的整理 （2）确认市场调查资料 （3）市场调查资料编码汇总 （4）市场调查资料的展示 （5）市场调查资料的分析	8
8	市场发展趋势的预测	13–01、13–02、13–03	（1）市场调查预测的认知 （2）经验判断分析法 （3）时间序列分析法 （4）回归分析法	（1）市场调查预测的认知 （2）经验判断分析法 （3）时间序列分析法 （4）回归分析法	8
9	市场调查报告撰写	09–02、09–03、09–04	（1）市场调查报告的认知 （2）市场调查报告的内容和格式 （3）市场调查报告的写作技巧 （4）市场调查结果的沟通	（1）市场调查报告的认知 （2）市场调查报告的内容和格式 （3）市场调查报告的写作技巧 （4）市场调查结果的沟通	8

续上表

序号	学习任务（单元、模块）	职业能力	知识、技能、态度要求	教学活动设计	学时
10	市场调研与预测实训		市场调查预测软件实训		8
			合计		68

注："职业能力"编码与附录"1.中高职衔接市场营销专业职业能力分析表"中的编码对应。

八、资源开发与利用

（一）教材编写与使用

（1）教材编写的理念：教材编写要符合高职院校职业技能教育特点和要求，遵循"以就业为导向、以能力为本位"的职业教育理念，通过工作活动、情景模拟和课后拓展作业相结合的方式组织编写。

（2）教材编写的内容：市场调查前准备工作、市场调查方案设计、调查问卷的设计、抽样调查技术、调查资料采集方法、市场调查的组织实施、调查数据的整理与分析、市场发展趋势的预测、市场调查报告的撰写。

（3）教材编写的手段：根据市场调研与预测的工作过程设置任务。

（二）数字化资源开发与利用

充分利用校园网辅助教学，建设网络教学资源如网络共享课程和精品课程，包括教学大纲、电子教案、教学案例、习题、多媒体等。

九、教学建议

（一）教学方法

（1）本课程采用项目教学，以学生为中心、教师为引导，以市场调查典型工作任务为载体，以培养学生市场调研与预测职业能力为目标，让学生在完成工作任务过程中进行专业实践，学会专业的基本知识及技能，提升综合职业能力。

（2）教学过程中，应以学生为本，关注学生的学习兴趣和体验，注重"教"和"学"的互动，如教师示范、学生操作、学生提问、教师解答和指导等。

（3）教学过程中，可创设职业情境，借助于现代信息技术，辅以多媒体等教具，采用角色扮演、情境教学等方法，实现"教、学、做"一体化，教师在做中教、学生在做中学。

（4）教学过程中，教师应积极引导学生提升职业能力，培养学生诚实守信、悉心细致、善于沟通和合作的品质。

（二）教学条件

（1）市场调查实训室。

（2）SPSS 市场调查实训软件进行综合实训。

（3）稳定的校外实习实践基地。

十、教学评价

（1）教学评价标准应体现任务引领课程的特征，体现理论与实践的统一，加强实践教学环节的考核，以能否完成任务及完成的情况给予评价。

（2）教学评价方式注重即时评价与延时评价相结合、过程考核与结果考核相结合，结合课堂提问、学生作业、平时测验、技能竞赛、分级设岗、实习实训等任务完成情况和考试情况，采用学生自评与互评、教师评价、社会评价等多种形式，综合评定学生的成绩。

（3）应注重对学生在实践中动手能力、分析问题和解决问题能力的考核，对在学习和应用上有创新的学生应给予鼓励，综合评价学生的能力。

附：市场调研与预测课程结构分析图（见图 2 – 15）

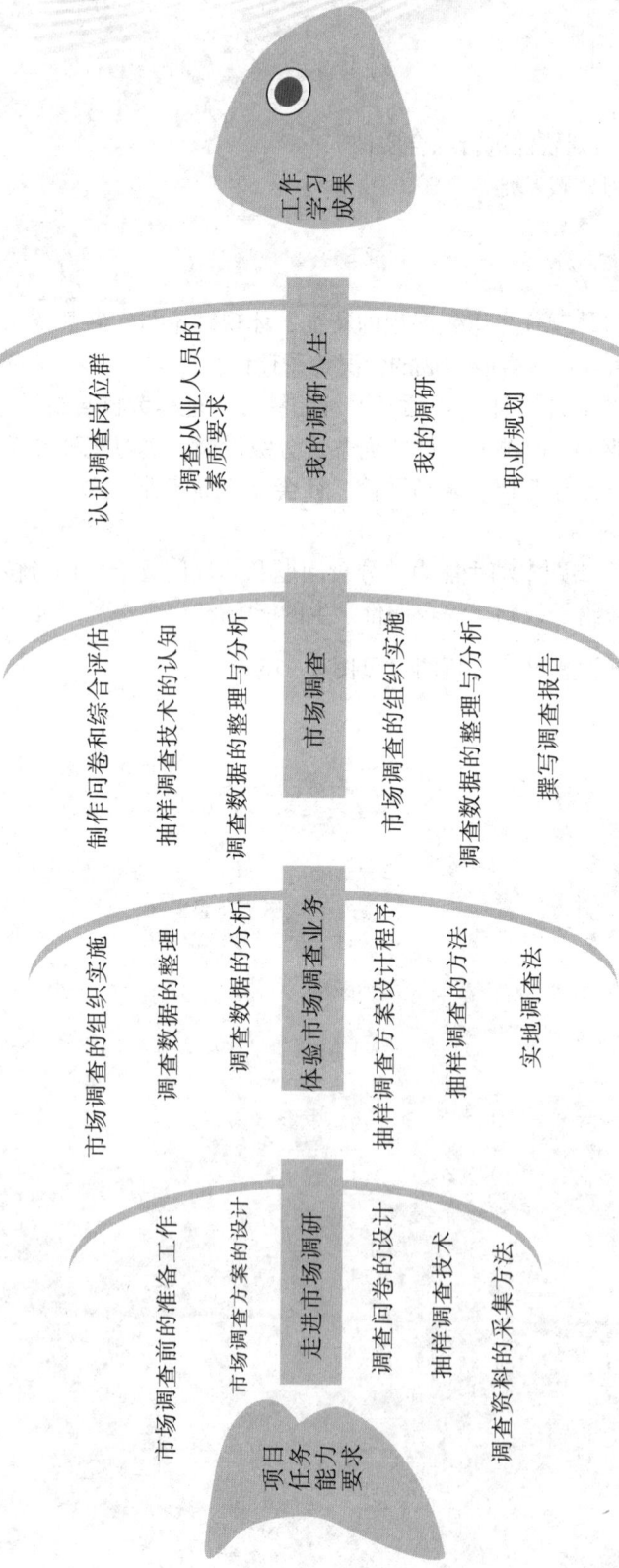

图2-15 市场调研与预测课程结构分析图

(撰稿人：张丽华)

高职学段:商务谈判课程标准

一、课程名称

商务谈判。

二、适用专业

既适用于中高职衔接的高职市场营销专业,又适用于高职市场营销专业。

三、课程性质

本课程是高职学段市场营销专业的核心课程,也是实践性很强的项目课程。本课程的前导课程是市场营销、市场调研与预测及消费心理学。本课程应在学生掌握市场营销相关知识的基础上,以就业为导向、以商务谈判典型工作过程为主线、以完成商务谈判典型工作任务为内容,在学习商务谈判的基本理论与商务谈判实践技能的基础上,培养学生相关的商务谈判理论能力,训练学生的商务谈判技能。

四、课程设计

(一)设计思路

本课程以认同职业角色、履行岗位职责、夯实专业基础、掌握专业技能为目标,遵循学习规律,依照商务谈判典型工作过程设计课程模块。教学活动设计以工作过程中的技能训练为主线,将知识目标和素养目标蕴含其中。

(二)内容组织(见表2-18)

表2-18 内容组织

项目	任务
项目一 商务谈判认知	任务一 走进商务谈判
	任务二 把握商务谈判影响因素
	任务三 进入商界第一张名片
项目二 商务谈判过程	任务一 准备商务谈判方案
	任务二 营造商务谈判气氛
	任务三 把握商务谈判磋商
	任务四 掌控商务谈判合同的履行

续上表

项目	任务
项目三 制定商务谈判的策略	任务一 灵活应用商务谈判策略技巧
	任务二 遵守国际商务谈判文化差异
	任务三 商务谈判综合实训

五、课程教学目标

1. 认知目标

（1）掌握商务谈判职业岗位的工作职责、工作任务及基本的工作流程。
（2）商务谈判的基本理论和技能。

2. 能力目标

（1）掌握商务谈判的主要类型。
（2）能进行商务谈判前准备：信息收集、制定议程、模拟谈判等。
（3）能制定有效的商务谈判开局策略。
（4）能进行模拟谈判。
（5）能运用商务谈判策略与技巧进行讨价还价、突破僵局等。

3. 素养目标

（1）初步形成商务谈判的职业岗位认同感。
（2）养成认真工作的态度和诚信的职业品质。
（3）具有商务谈判职业工作岗位细致工作精神、诚信的职业素养。
（4）具有团队合作能力。

六、参考学时与学分

参考学时：72 学时。
参考学分：4 学分。

七、课程结构（见表2–19）

表2–19　商务谈判课程结构

序号	学习任务（单元、模块）	职业能力	知识、技能、态度要求	教学活动设计	学时
1	谈判认知	05–01、06–01	（1）了解调查方案 （2）制订调查计划 （3）确定调查方法	（1）制定谈判调查方案 （2）确定调查时间、人物、地点、对象、方法	6
2	谈判影响因素	07–02、08–01、08–03	（1）灵活运用商务礼仪知识 （2）二手资料收集 （3）实地考察	（1）信息采集 （2）二手资料收集 （3）调查访问与考察	6
3	进入商界名片	42–01、43–01、44	（1）商务礼仪 （2）开拓新顾客 （3）合理配置商务谈判资源	（1）商务礼仪 （2）商务谈判开局 （3）商务谈判心理	6
4	准备商务谈判方案	44–01、44–02、44–04	（1）商务谈判方案准备 （2）商务谈判心理准备 （3）商务谈判策略技巧准备 （4）商务谈判对方心理	（1）撰写商务谈判方案 （2）掌握商务谈判策略与技巧准备 （3）商务谈判磋商准备	8
5	营造商务谈判气氛	42–01、44–01、44–02	（1）营造良好商务谈判气氛 （2）开场白与开场陈述设计 （3）运用谈判策略与技巧	（1）营造良好商务谈判气氛 （2）开场白与开场陈述设计 （3）运用谈判策略与技巧	6
6	商务磋商	44–01、44–02	（1）商务谈判磋商阶段特点 （2）熟悉商务谈判磋商阶段 （3）灵活运用磋商阶段策略	（1）商务谈判磋商阶段特点 （2）商务谈判磋商阶段技巧 （3）商务谈判磋商阶段策略与技巧	8
7	灵活应用谈判策略技巧	44–01、44–02	（1）掌握商务谈判策略与技巧 （2）掌握商务谈判对方心理 （3）掌握商务谈判签约技巧	（1）商务谈判策略与技巧 （2）商务谈判对方心理 （3）商务谈判签约技巧	8

续上表

序号	学习任务（单元、模块）	职业能力	知识、技能、态度	教学活动设计	学时
8	把握商务谈判合同履行	24-03、24-04、24-05、24-06	(1) 商务谈判合同准备 (2) 商务谈判合同签约 (3) 商务谈判合同签约履行	(1) 商务谈判合同准备 (2) 商务谈判合同签约 (3) 商务谈判合同签约履行	6
9	遵守国际商务谈判文化差异	44-03、44-04	(1) 了解国际商务礼仪 (2) 遵守国际商务礼仪 (3) 了解国际商务谈判习俗与文化	(1) 了解国际商务礼仪 (2) 遵守国际商务礼仪 (3) 了解国际商务谈判习俗与文化	6
10	商务谈判综合实训	以任务为驱动项目为导向，以日用品、专业商品和涉外商品为例进行商务谈判综合实训			12
合计					72

注："职业能力"编码与附录"1. 中高职衔接市场营销专业职业能力分析表"中的编码对应。

八、资源开发与利用

（一）教材编写与使用

（1）教材编写的理念：教材编写要符合高职院校职业技能教育特点和要求，遵循"以就业为导向、以能力为本位"的职业教育理念，通过工作活动、情景模拟和课后拓展作业相结合的方式组织编写。

（2）教材编写的内容：商务谈判认知、商务谈判类型、商务谈判信息搜集、商务谈判准备、商务谈判开局、商务谈判磋商、商务谈判讨价还价、商务谈判合同履行等。

（3）教材编写的手段：根据市场调研与预测的工作过程设置任务。

（二）数字化资源开发与利用

充分利用校园网辅助教学，建设网络教学资源如网络共享课程和精品课程，包括教学大纲、电子教案、教学案例、习题、多媒体等。
（1）国家市场营销教学资源库"商务谈判"。
（2）国家精品资源共享课"商务谈判"。

九、教学建议

（一）教学方法

（1）本课程采用项目教学，以学生为中心、教师为引导，以典型工作任务为载体，以培养学生职业能力为目标，让学生在完成工作任务过程中进行专业实践，学会会计基本知识及技能，提升综合职业能力。

（2）教学过程中，应以学生为本，关注学生的学习兴趣和体验，注重"教"和"学"的互动，如教师示范、学生操作，学生提问、教师解答和指导等。

（3）教学过程中，可创设职业情境，借助于现代信息技术，辅以多媒体等教具，采用角色扮演、情境教学等方法，实现"教、学、做"一体化，教师在做中教、学生在做中学。

（4）教学过程中，教师应积极引导学生提升职业能力，培养学生诚实守信、悉心细致、善于沟通和合作的品质。

（二）教学条件

（1）商务谈判室。
（2）稳定的校外实习实践基地。

十、教学评价

（1）教学评价标准应体现任务引领课程特征，体现理论与实践的统一，加强实践教学环节的考核，以能否完成任务及完成的情况给予评价。

（2）教学评价方式注重即时评价与延时评价相结合、过程考核与结果考核相结合，结合课堂提问、学生作业、平时测验、技能竞赛、分级设岗、实习实训等任务完成情况和考试情况，采用学生自评与互评、教师评价、社会评价等多种形式，综合评定学生的成绩。

（3）应注重对学生在实践中分析问题和解决问题能力的考核，对特别在学习和应用上有创新的学生应给予鼓励，综合评价学生的能力。

附：商务谈判课程结构分析图（见图2-16）

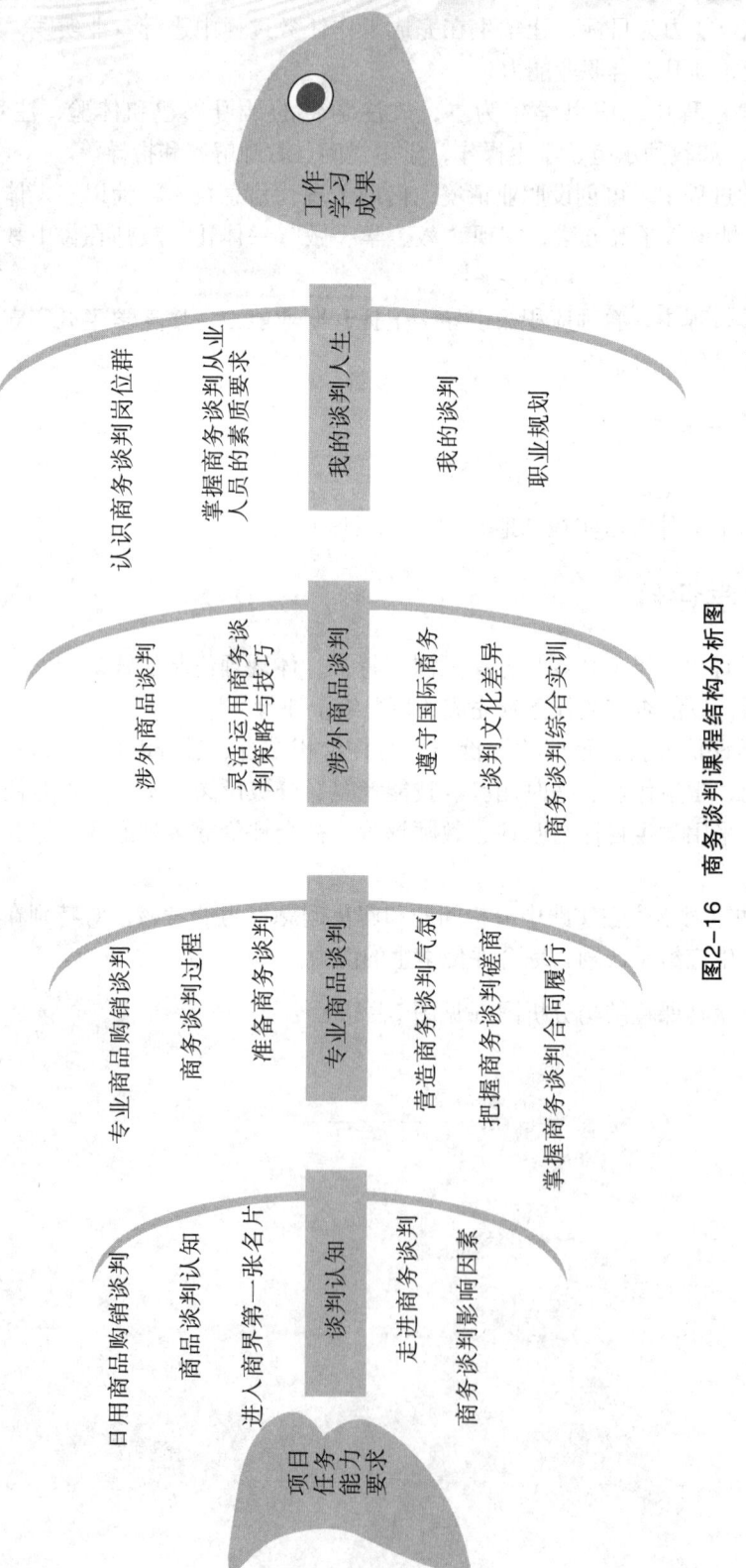

图2-16 商务谈判课程结构分析图

(撰稿人：张丽华)

高职学段：电子商务课程标准

一、课程名称

电子商务。

二、适用专业

既适用于中高职衔接高职的市场营销专业，又适用于高职市场营销专业。

三、课程性质

本课程是高职学段市场营销专业的核心课程，也是实践性很强的项目课程。本课程以就业为导向、以电子商务典型工作过程为主线、以完成电子商务典型工作任务为内容，在学习电子商务基本理论与电子商务实践技能的基础上，培养学生相关的电子商务营销理论能力，训练学生电子商务技能。

四、课程设计

（一）设计思路

本课程以认同职业角色、履行岗位职责、夯实专业基础、掌握专业技能为目标，遵循学习规律，依照电子商务典型工作过程设计课程模块。教学活动设计以工作过程中的技能训练为主线，将知识目标和素养目标蕴含其中。

（二）内容组织（见表2-20）

表2-20　内容组织

项目	任务
项目一　电子商务认知	任务一　电子商务认知
	任务二　电子商务框架结构
	任务三　电子商务分类
	任务四　电子商务功能
	任务五　电子商务流转程式
项目二　电子商务模式	任务一　B2C、B2B电子商务模式
	任务二　B2B电子商务模式
	任务三　C2C电子商务模式

续上表

项目	任务
项目三 电子商务支付与网络安全	任务一 电子支付
	任务二 网上银行
项目四 电子支付与网络安全	任务一 第三方支付平台
	任务二 第三方支付产品
	任务三 快捷支付
	任务四 微信和支付宝支付
项目五 网店建设与运营	任务一 网店建设与运营
	任务二 网店管理
项目六 电子商务物流	任务一 电子商务物流基础知识与基本环节
	任务二 条形码技术、自动化仓库
	任务三 电子商务物流、仓储管理货物包装、物流配送、电子商务物流技术
项目七 客户管理与纠纷	任务一 客户关系管理认知
	任务二 客户关系管理三种能力
	任务三 呼叫中心
	任务四 网上客户服务
	任务五 客户投诉处理

五、课程教学目标

1. 认知目标

（1）掌握电子商务职业岗位的工作职责、工作任务及基本的工作流程。

（2）熟悉电子商务基本理论和技能。

2. 能力目标

（1）掌握电子商务营销典型工作任务。

（2）能搭建电子商务框架结构，能进行电子商务分类，了解电子商务功能和电子商务流转程式。

（3）了解并掌握 B2C、B2B、C2C 电子商务功能与模式。

（4）能进行电子商务分类，了解电子商务的功能，了解电子商务流转程式。

3. 素养目标

（1）初步形成市场电子商务职业岗位认同感。

（2）养成认真工作的态度和诚信的职业品质。

（3）具有良好的团队合作能力。

六、参考学时与学分

参考学时：52 学时。

参考学分：3 学分。

七、课程结构（见表 2-21）

表 2-21　电子商务课程结构

序号	学习任务	职业能力	知识、技能、态度要求	教学活动设计	学时
1	电子商务认知	20-01、43-01	（1）电子商务概述 （2）电子商务框架结构 （3）电子商务分类 （4）电子商务功能 （5）电子商务流转程式	（1）电子商务认知 （2）电子商务框架 （3）电子商务分类与功能 （4）电子商务流转程式	4
2	电子商务模式	11、12	（1）B2C 电子商务模式 （2）B2B 电子商务模式 （3）C2C 电子商务模式	（1）B2C 电子商务模式 （2）B2B 电子商务模式 （3）C2C 电子商务模式	6
3	电子支付与网络安全	22-01、22-02、22-03	（1）电子支付 （2）网上银行	（1）电子支付 （2）网上银行	4
4	第三方支付	22-01、22-02、22-03	（1）第三方支付平台 （2）第三方支付产品 （3）快捷支付 （4）微信和支付宝支付	（1）第三方支付平台 （2）第三方支付产品 （3）快捷支付 （4）微信和支付宝支付	6
5	网络安全	22-01、22-02、22-03	（1）电子商务安全策略 （2）电子商务交易风险识别与防范措施 （3）防诈骗	（1）电子商务安全策略 （2）电子商务交易风险识别与防范措施 （3）防诈骗	4
6	售后服务	20-01、20-02、20-03、20-04	（1）客户回访 （2）订单跟踪 （3）会员维护 （4）投诉处理	（1）客户回访 （2）订单跟踪 （3）会员维护 （4）投诉处理	4

续上表

序号	学习任务	职业能力	知识、技能、态度要求	教学活动设计	学时
7	网络营销	22-01、22-02、22-03	(1) 认识网络营销 (2) 初识网络营销 (3) 网络营销工具搜索引擎 (4) 网络营销案例分析	(1) 认识网络营销 (2) 初识网络营销 (3) 网络营销工具搜索引擎 (4) 网络营销案例分析	6
8	网店建设与运营	34-01、36-01、36-02、39-01	(1) 认识淘宝平台并开设网店 (2) 网上开店基础知识 (3) 买家购物基本流程	(1) 认识淘宝平台并开设网店 (2) 网上开店基础知识 (3) 买家购物基本流程	6
9	电子商务物流	28-04、41-03	(1) 电子商务物流基础知识 (2) 电子商务物流基本环节仓储管理、货物包装、物流配送 (3) 电子商务物流技术：条形码技术、自动分仓库	(1) 电子商务物流基础知识 (2) 电子商务物流基本环节仓储管理、货物包装、物流配送 (3) 电子商务物流技术：条形码技术、自动分仓库	4
10	客户管理与纠纷	42-02、42-03	(1) 客户关系认知 (2) 客户关系管理三种能力 (3) 了解呼叫中心 (4) 网上客户服务 (5) 客户投诉处理	(1) 客户关系认知 (2) 客户关系管理三种能力 (3) 了解呼叫中心 (4) 网上客户服务 (5) 客户投诉处理	4
11			电子商务软件实训		4
			合计		52

注："职业能力"编码与附录"1. 中高职衔接市场营销专业职业能力分析表"中的编码对应。

八、资源开发与利用

(一) 教材编写与使用

（1）教材编写的理念：教材编写要符合高职院校职业技能教育特点和要求，遵循"以就业为导向、以能力为本位"的职业教育理念，通过工作活动、情景模拟和课后拓展作业相结合的方式组织编写。

（2）教材编写的内容：电子商务认知、电子商务框架结构、电子商务分类、电子商务功能、电子商务流转程式等。

（3）教材编写的手段：根据电子商务的工作过程设置任务。

（二）数字化资源开发与利用

充分利用校园网辅助教学，建设网络教学资源如网络共享课程和精品课程，包括教学大纲、电子教案、教学案例、习题、多媒体等。

九、教学建议

（一）教学方法

（1）本课程采用项目教学，以学生为中心、教师为引导，以电子商务典型工作任务为载体、以培养学生职业能力为目标，让学生在完成工作任务过程中进行专业实践，学会专业的基本知识及技能，提升综合职业能力。

（2）教学过程中，应以学生为本，关注学生的学习兴趣和体验，注重"教"和"学"的互动，如教师示范、学生操作、学生提问、教师解答和指导等。

（3）教学过程中，可创设职业情境，借助于现代信息技术，辅以多媒体等教具，采用角色扮演、情境教学等方法，实现"教、学、做"一体化，教师在做中教、学生在做中学。

（4）教学过程中，教师应积极引导学生提升职业能力，培养学生诚实守信、悉心细致、善于沟通和合作的品质。

（二）教学条件

（1）电子商务实训室。
（2）利用电子商务技能实训软件进行综合实训。
（3）稳定的校外实习实践基地。

十、教学评价

（1）教学评价标准应体现任务引领课程的特征，体现理论与实践的统一，加强实践教学环节的考核，以能否完成任务及完成的情况给予评价。

（2）教学评价方式注重即时评价与延时评价相结合、过程考核与结果考核相结合，结合课堂提问、学生作业、平时测验、技能竞赛、分级设岗、实习实训等任务完成情况和考试情况，采用学生自评与互评、教师评价、社会评价等多种形式，综合评定学生的成绩。

（3）应注重对学生在实践中动手能力、分析问题和解决问题能力的考核，对在学习和应用上有创新的学生应给予鼓励，综合评价学生的能力。

附：电子商务课程结构分析图（见图2-17）

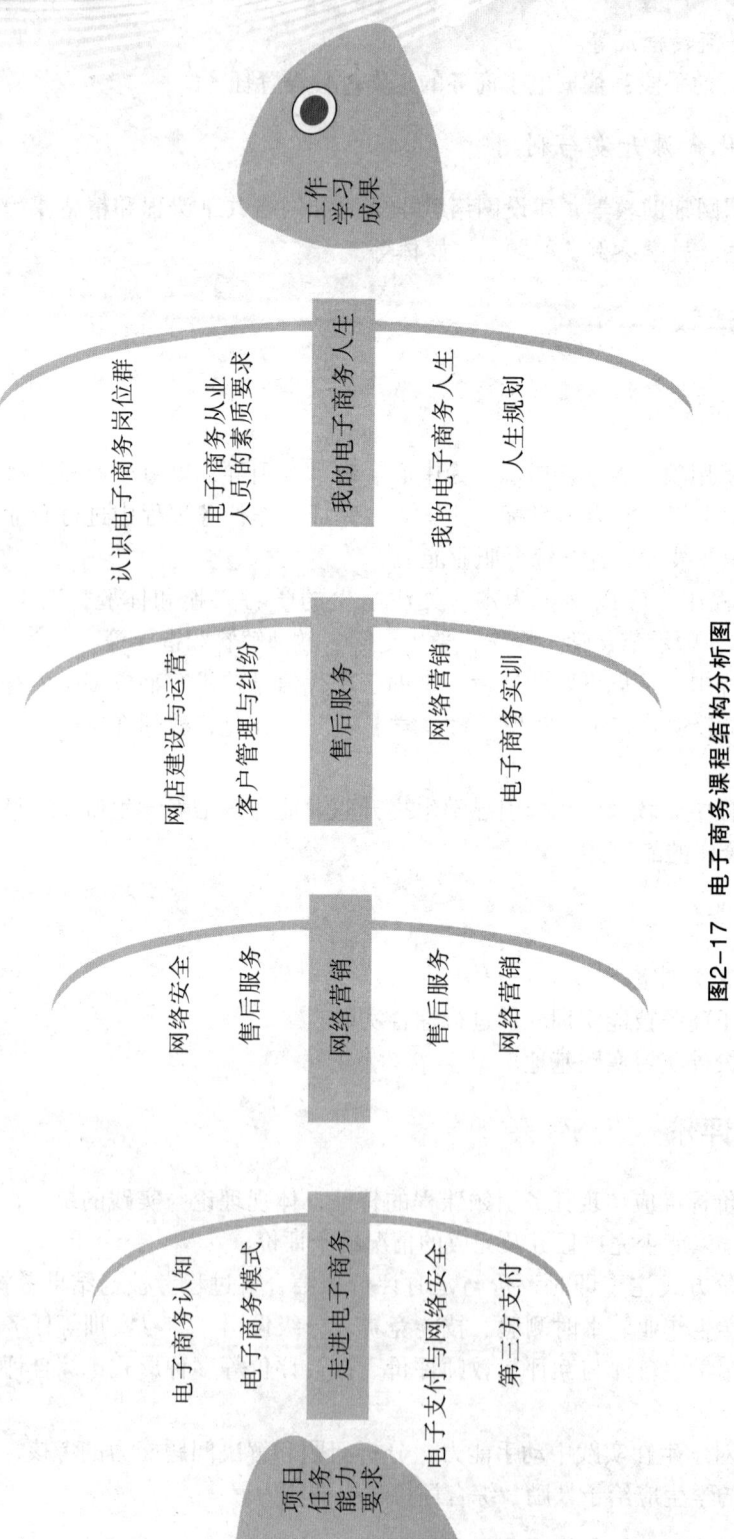

图2-17 电子商务课程结构分析图

（撰稿人：肖离离）

高职学段：现代企业经营管理课程标准

一、课程名称

现代企业经营管理。

二、适用专业

既适用于中高职衔接的高职市场营销专业，又适用于高职市场营销专业。

三、课程性质

本课程是高职学段市场营销专业的核心课程，也是实践性很强的项目课程。本课程的前导课程是市场营销、市场调查与预测及消费心理学。本课程应在学生掌握市场营销相关知识的基础上，以就业为导向、以现代企业经营管理典型工作过程为主线、以完成现代企业经营管理典型工作实践任务为目标，在学习现代企业经营管理的基本理论与现代企业实践技能基础上，培养学生相关的企业经营管理的基本理论能力，训练学生的现代企业经营管理实践技能。

四、课程设计

（一）设计思路

本课程以认同职业角色、履行岗位职责、夯实专业基础、掌握专业技能为目标，遵循学习规律，依照现代企业经营管理典型工作过程设计课程模块。在教学活动设计中以工作过程中的技能训练为主线，将知识目标和素养目标蕴含其中。

（二）内容组织（见表2-22）

表2-22 内容组织

项目	任务
项目一 现代企业认知	任务一 现代企业创立认知
	任务二 现代企业经营管理基础
	任务三 现代企业经营战略
项目二 现代企业经营业务资源管理	任务一 现代企业经营计划与决策
	任务二 现代企业经营业务管理
	任务三 现代企业经营资源管理

续上表

项目	任务	
项目三 现代企业生产质量管理	任务一	现代企业生产管理
	任务二	现代企业质量管理

五、课程教学目标

1. 认知目标

（1）掌握企业经营管理职业岗位的工作职责、工作任务及基本的工作流程。

（2）熟悉企业经营管理的基本理论和基本技能。

2. 能力目标

（1）掌握现代企业经营管理的主要类型。

（2）能进行现代企业经营战略选择。

（3）能进行现代企业经营计划与决策制定。

（4）能进行现代企业经营业务管理。

（5）能撰写现代企业经营计划与决策。

（6）能进行现代企业生产管理。

（7）能进行现代企业质量管理。

3. 素养目标

（1）初步形成现代企业经营职业岗位认同感。

（2）养成认真工作的态度，诚信的职业品质。

（3）具有现代企业经营管理职业工作岗位爱岗敬业细致工作精神、诚信的职业素养。

（4）具有较强的团队合作能力。

六、参考学时与学分

参考学时：72 学时。

参考学分：4 学分。

七、课程结构（见表 2–23）

表 2–23　现代企业经营管理课程结构

序号	学习任务	职业能力	知识、技能、态度要求	教学活动设计	学时
1	企业认知	01–02、02–01、04–03	（1）创立企业 （2）现代企业的类型 （3）企业组织和制度	（1）企业创立的认知 （2）企业类型的认知 （3）企业组织和制度的认知	8
2	企业经营含义与经营机制	11–01–01、11–01–04、13–03	（1）企业经营机制的含义 （2）企业经营机制的内容 （3）企业规章制度的含义与内容 （4）企业规章制度建设步骤	（1）了解企业经营机制的含义 （2）了解企业经营机制的内容 （3）企业与营销环境评价的基本方法	8
3	企业经营创新	15–01、15–02、15–03	（1）企业经营创新的方式与内容 （2）企业经营创新的三种模式	（1）了解企业经营创新的方式与内容 （2）了解企业经营创新的三种模式	8
4	企业经营战略	38–01、38–02、39–01	（1）企业经营战略、总体战略及构成 （2）企业经营战略过程管理 （3）企业市场战略与竞争战略	（1）了解企业经营战略、总体战略及构成 （2）了解企业经营战略过程管理 （3）了解企业市场战略与竞争战略	6
5	企业经营计划决策	32–01、32–02、32–03	（1）企业经营计划 （2）企业经营决策	（1）能制订企业经营计划 （2）能进行企业经营决策	6
6	企业经营业务管理	01–01、02–01、02–02	（1）商品采购管理 （2）商品运输管理 （3）商品储存管理 （4）商品销售管理	（1）能进行商品采购管理 （2）能进行商品运输管理 （3）能进行商品储存管理 （4）能进行商品销售管理	10
7	企业经营资源管理	07–03、07–04	（1）人力资源管理 （2）财务资源管理 （3）物力资源管理 （4）信息资源管理	（1）能进行人力资源管理 （2）能进行财务资源管理 （3）能进行物力资源管理 （4）能完成信息资源管理	6

续上表

序号	学习任务	职业能力	知识、技能、态度要求	教学活动设计	学时
8	企业生产管理	28-02、34-01-02	(1) 生产管理 (2) 生产过程组织 (3) 生产现场管理 (4) 现代生产管理方式	(1) 能进行生产管理 (2) 能进行生产过程组织 (3) 能进行生产现场管理 (4) 能运用现代生产管理方式	6
9	企业质量管理	36-01-03、36-02-01	(1) 质量管理 (2) 全面质量管理 (3) 质量管理常用方法 (4) 质量管理体系建设	(1) 能做好质量管理 (2) 能进行全面质量管理 (3) 能运用质量管理常用方法 (4) 能进行质量管理体系建设	6
10			企业经营管理实训		8
			合计		72

注:"职业能力"编码与附录"1. 中高职衔接市场营销专业职业能力分析表"中的编码对应。

八、资源开发与利用

(一)教材编写与使用

(1) 教材编写的理念:教学编写要遵循"以就业为导向、以能力为本位"的职业教育理念,应紧紧围绕课程设计思路,遵循高职院校教育与教学基本规律,教材内容要按照工作岗位任务进行编写,创设职业情境,展示业务流程,素材真实、丰富,应体现项目课程的特征,便于教师实施"理实一体,教、学、做"一体化的教学模式。教材应避免把职业能力简单理解为单纯的技能操作,同时要有前瞻性,应将本专业领域发展趋势及实际业务操作中的新知识、新技术和新方法及时纳入其中,提升高职学生营销理论水平和营销技能水平,践行以就业为导向、以能力为本位的职业教育理念。

(2) 教材编写的手段:根据现代企业经营管理的工作过程设置任务。

(二)数字化资源开发与利用

充分利用校园网辅助教学,建设网络教学资源如网络共享课程和精品课程,包括教学大纲、电子教案、教学案例、习题、多媒体等。

(1) 国家市场营销教学资源库"商务谈判"等。

(2) 国家精品资源共享课"商务谈判"等。

九、教学建议

（一）教学方法

（1）本课程采用项目教学，以学生为中心、教师为引导，以典型工作任务为载体，以培养学生职业能力为目标，让学生在完成工作任务过程中进行专业实践，学会会计的基本知识及技能，从而提升综合职业能力。

（2）教学过程中，应以学生为本，关注学生的学习兴趣和体验，注重"教"和"学"的互动，如教师示范、学生操作、学生提问、教师解答和指导等。

（3）教学过程中，可创设职业情境，借助于现代信息技术，辅以多媒体等教具，采用角色扮演、情境教学等方法，实现"教、学、做"一体化，教师在做中教、学生在做中学。

（4）教学过程中，教师应积极引导学生提升职业能力，培养学生诚实守信、悉心细致、善于沟通和合作的品质。

（二）教学条件

（1）企业经营管理实训室。
（2）稳定的校外实习实践基地。
（3）国家、省级企业经营管理技能竞赛。

十、教学评价

（1）教学评价标准应体现任务引领课程的特征，体现理论与实践的统一，加强实践教学环节的考核，以能否完成任务及完成的情况给予评价。

（2）教学评价方式注重即时评价与延时评价相结合、过程考核与结果考核相结合，结合课堂提问、学生作业、平时测验、技能竞赛、分级设岗、实习实训等任务完成情况和考试情况，采用学生自评与互评、教师评价、社会评价等多种形式，综合评定学生的成绩。

（3）应注重对学生在实践中动手能力、分析问题和解决问题能力的考核，对在学习和应用上有创新的学生应给予鼓励，综合评价学生的能力。

附：现代企业经营管理课程结构分析图（见图 2-18）

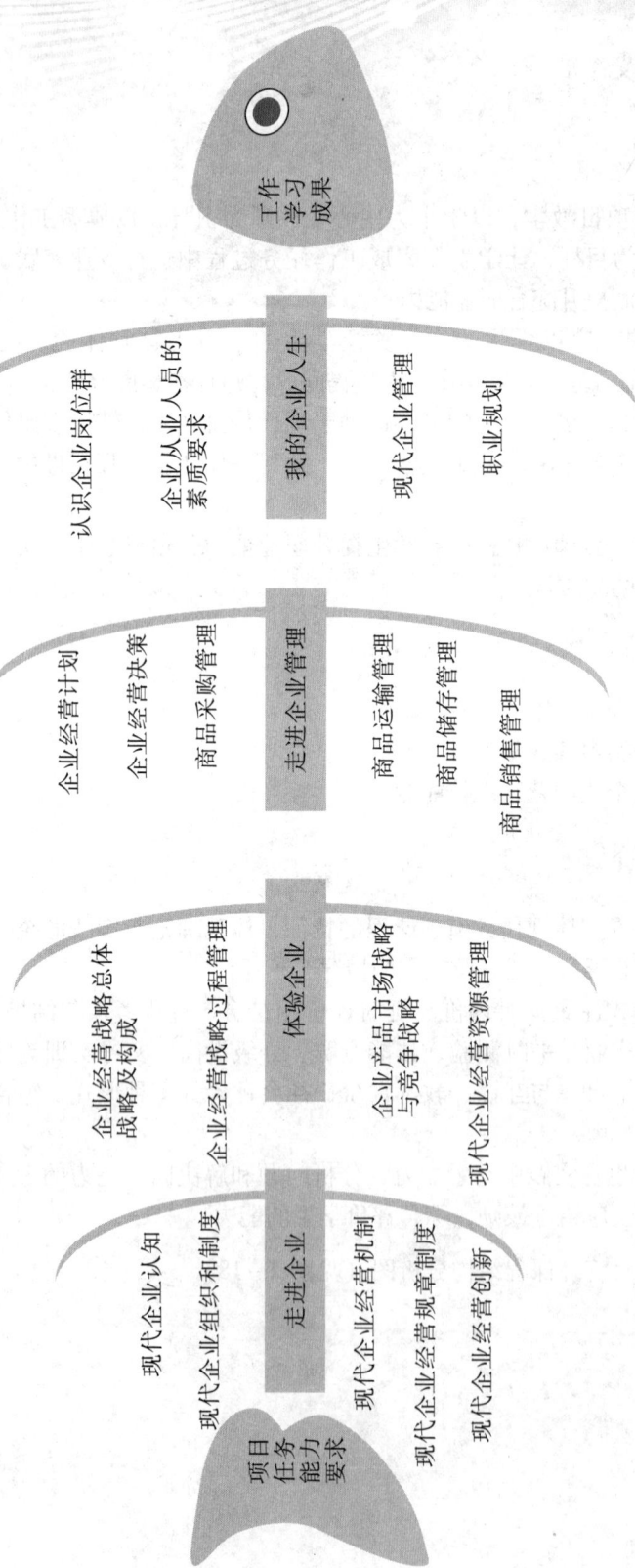

图2-18 现代企业经营管理课程结构分析图

(撰稿人：张丽华)

高职学段:营销策划课程标准

一、课程名称

营销策划。

二、适用专业

既适用于中高职衔接的高职市场营销专业,又适用于高职市场营销专业。

三、课程性质

本课程是高职学段市场营销专业的专业方向课程,也是实践性很强的项目课程。本课程以就业为导向、以营销策划典型工作过程为主线、以完成营销策划典型工作任务为内容,在学习营销策划的基本理论与营销策划实践技能的基础上,培养学生营销策划理论,训练学生营销策划技能。

四、课程设计

(一)设计思路

本课程以认同职业角色、履行岗位职责、夯实专业基础、掌握专业技能为目标,遵循学习规律,依照营销策划典型工作过程设计课程模块。教学活动设计以营销策划工作过程中的技能训练为主线,将知识目标和素养目标蕴含其中。

(二)内容组织(见表2-24)

表 2-24 内容组织

项目	任务
项目一 营销策划认知	任务一 营销策划认知
	任务二 营销策划流程设计
	任务三 消费者需求分析
项目二 营销策划	任务一 营销战略策划
	任务二 市场规模与环境分析
	任务三 目标市场策划

续上表

项目	任务
项目三 营销组合	任务一 产品策划
	任务二 价格策划
	任务三 促销策划
	任务四 渠道策划

五、课程教学目标

1. 认知目标
(1) 掌握营销策划职业岗位的工作职责、工作任务及基本的工作流程。
(2) 熟悉营销策划的基本理论和技能。

2. 能力目标
(1) 掌握营销策划典型工作任务。
(2) 能进行营销策划宏观、微观环境分析及 SWOT 分析。
(3) 能运用 STP 策略进行市场细分、选择与定位。
(4) 能灵活运用产品、价格、渠道、促销营销组合策略。

3. 素养目标
(1) 初步形成营销策划职业岗位认同感。
(2) 养成认真工作的态度，诚信的职业品质。
(3) 具有良好的团队合作能力。

六、参考学时与学分

参考学时：54 学时。
参考学分：3 学分。

七、课程结构（见表 2-25）

表 2-25 营销策划课程结构

序号	学习任务	职业能力	知识、技能、态度要求	教学活动设计	学时
1	营销策划认知	01-01、02-01、03-01	(1) 了解策划与市场营销策划概念，把握市场营销策划的主要原则，认识企业市场营销策划的主要分类与方法 (2) 了解市场营销策划的要素，掌握市场营销策划的具体原则，熟悉市场营销策划的方法	(1) 策划概念、市场营销策划，战略策划，战术策划 (2) SWOT 分析、7-S 模型、PDCA 循环、核心竞争力	5

续上表

序号	学习任务	职业能力	知识、技能、态度要求	教学活动设计	学时
2	营销策划基本流程	23-01、23-03	（1）掌握市场营销策划组织，选择策划执行机构的原则和方法 （2）市场营销策划的步骤与方法 （3）营销策划书的内容与格式	（1）市场营销策划组织 （2）选择策划执行机构的原则和方法 （3）市场营销策划的步骤与方法，营销策划书的内容与格式	5
3	消费者需求分析	01-03	（1）追求自身利益最大化，偏好消费能力的多样性 （2）有限性，机会主义倾向	（1）消费者行为影响因素 （2）外部影响因素 （3）内容影响因素	5
4	企业战略策划、使命与愿景、基本战略	30-01、32-02、32-03、32-04	（1）战略概念影响因素，战略制定流程 （2）认识企业使命与愿景的含义 （3）掌握企业经营基本战略的选择方法 （4）市场机会研究、类型和特性 （5）发现与分析市场机会可行性因素	（1）战略影响因素 （2）企业战略制定流程与内容 （3）企业使命与愿景、基本战略的选择方法	5
5	目标市场策划	07-01、07-02、07-03	（1）目标市场的概念与特征 （2）从经济价值角度评价细分市场的方法 （3）企业选择目标市场范围模式及目标市场的策略 （4）影响目标市场选择的因素 （5）市场定位概念与差异化前提	（1）目标市场概念 （2）评价细分市场方法 （3）企业目标市场选择 （4）影响目标市场选择的主要因素 （5）目标市场的定位	5
6	品牌策划	15-01、15-02	（1）产品与产品组合策划 （2）品牌策划 （3）包装策划 （4）新产品开发	（1）产品与产品组合 （2）品牌策划 （3）包装策划 （4）新产品开发	5

续上表

序号	学习任务	职业能力	知识、技能、态度要求	教学活动设计	学时
7	产品策划	15－01、15－02、15－03	（1）产品整体概念的基本含义 （2）产品组合的含义和类型 （3）产品生命周期不同阶段的主要策略 （4）新产品开发的必要性 （5）产品品牌与包装策略的基本流程	（1）产品整体的概念 （2）产品组合的含义类型 （3）产品生命周期策略 （4）新产品开发策略 （5）产品品牌与包装策略	5
8	价格策划	02－04、02－05	（1）营销定价的含义 （2）营销定价的因素 （3）定价的目标与程序 （4）定价的方法和营销定价的基本策略 （5）价格调整的依据和方法	（1）营销定价的含义 （2）营销定价的影响因素 （3）制定定价目标 （4）定价的方法与基本策略	5
9	分销渠道策划	04－01、25－01、25－02、25－03	（1）分销渠道的概念与作用 （2）渠道策略的不同类型 （3）主要营销中介及其特征 （4）渠道设计与决策的基本步骤 （5）实施分销渠道控制基本方法	（1）分销渠道概念与作用 （2）渠道策略不同类型 （3）主要营销中介及其特征 （4）渠道设计决策基本步骤 （5）分销渠道控制基本方法	5
10	促销策划	03－01、03－02、08－01	（1）销售促进的概念与作用 （2）促销组合策略 （3）四种促销方式特点、形式及其适用性	（1）销售促进的概念与作用 （2）促销组合策略 （3）促销方式的特点、形式及其适用性	5
11	营销策划实训				4
合计					54

注："职业能力"编码与附录"1.中高职衔接市场营销专业职业能力分析表"中的编码对应。

八、资源开发与利用

（一）教材编写与使用

（1）教材编写的理念：教材编写要符合高职院校职业技能教育特点和要求，遵循"以就业为导向、以能力为本位"的职业教育理念，通过工作活动、情景模拟和课后拓展作业相结合的方式组织编写。

（2）教材编写的内容：营销策划认知，营销策划基本流程，消费者需求分析，企业战略策划、使命与愿景、基本战略，目标市场策划，市场调研，市场营销环境分析，市场营销机会SWOT分析，STP市场细分、选择与定位策略制定，制定市场营销组合策略制定等。

（3）教材编写的手段：根据营销策划的工作过程设置任务。

（二）数字化资源开发与利用

充分利用校园网辅助教学，建设网络教学资源如网络共享课程和精品课程，包括教学大纲、电子教案、教学案例、习题、多媒体等。

九、教学建议

（一）教学方法

（1）本课程采用项目教学，以学生为中心、教师为引导，以营销策划典型工作任务为载体，以培养学生营销策划职业能力为目标，使学生在完成工作任务过程中进行专业实践，学会专业的基本知识及技能，提升综合职业能力。

（2）教学过程中，应以学生为本，关注学生的学习兴趣和体验，注重"教"和"学"的互动，如教师示范、学生操作、学生提问、教师解答和指导等。

（3）教学过程中，可创设职业情境，借助于现代信息技术，辅以多媒体等教具，采用角色扮演、情境教学等方法，实现"教、学、做"一体化，教师在做中教、学生在做中学。

（4）教学过程中，教师应积极引导学生提升职业能力，培养学生诚实守信、悉心细致、善于沟通和合作的品质。

（二）教学条件

（1）市场营销实训室。
（2）利用市场营销技能实训软件进行综合实训。
（3）稳定的校外实习实践基地。

十、教学评价

（1）教学评价标准应体现任务引领课程的特征，体现理论与实践的统一，加强实践教学环节的考核，以能否完成任务及完成的情况给予评价。

（2）教学评价方式注重即时评价与延时评价相结合、过程考核与结果考核相结合，结合课堂提问、学生作业、平时测验、技能竞赛、分级设岗、实习实训等任务完成情况和考试情况，采用学生自评与互评、教师评价、社会评价等多种形式，综合评定学生的成绩。

（3）应注重对学生在实践中动手能力、分析问题和解决问题能力的考核，对在学习和应用上有创新的学生应给予鼓励，综合评价学生的能力。

附：营销策划课程结构分析图（见图2-19）

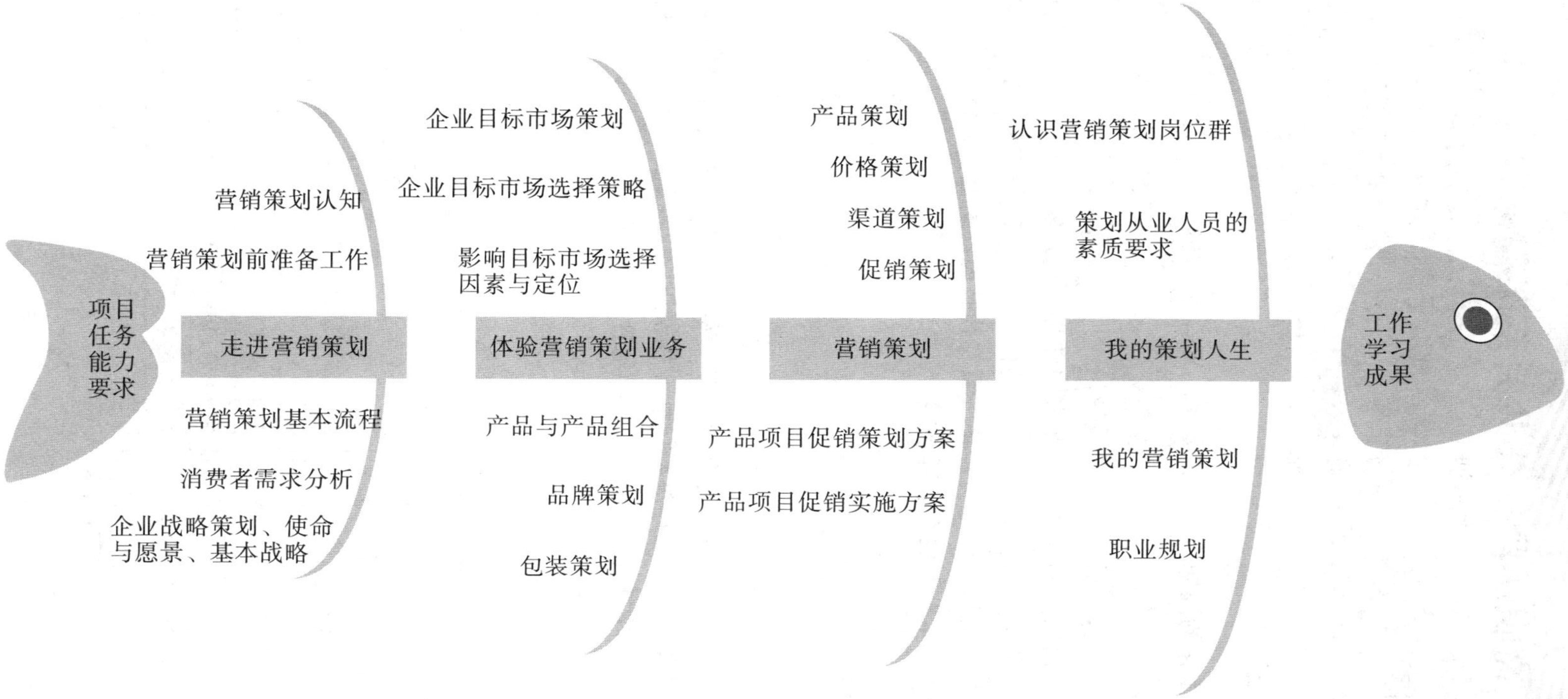

图2-19 营销策划课程结构分析图

（撰稿人：张丽华）

高职学段：公共关系课程标准

一、课程名称

公共关系。

二、适用专业

既适用于中高职衔接的高职市场营销专业，又适用于高职市场营销专业。

三、课程性质

本课程是高职学段市场营销专业的专业方向课程，也是实践性很强的项目课程。本课程以就业为导向、以公共关系管理典型工作过程为主线、以完成公共关系典型工作任务为内容，在学习公共关系基本理论与公共关系实践技能的基础上，培养学生相关的公共关系理论能力，训练学生公共关系管理技能。

四、课程设计

（一）设计思路

本课程以认同职业角色、履行岗位职责、夯实专业基础、掌握专业技能为目标，遵循学习规律，依照公共关系典型工作过程设计课程模块。教学活动设计以公共关系工作过程中技能训练为主线，将知识目标和素养目标蕴含其中。

（二）内容组织（见表2-26）

表2-26　内容组织

项目	任务
项目一　公共关系绪论	任务一　公共关系的含义与特征
	任务二　公共关系的职能与原则
	任务三　公共关系的产生与发展
	任务四　公共关系与若干概念的辨析
项目二　公共关系构成要素	任务一　公共关系的主体——社会组织
	任务二　公共关系的客体——公众
	任务三　公共关系的传播

续上表

项目	任务
项目三 公共关系工作程序	任务一 公共关系的调查
	任务二 公共关系的策划
	任务三 公共关系的实施与评估
项目四 组织内部公共关系	任务一 组织内部公共关系的概述
	任务二 员工关系
	任务三 股东关系
项目五 组织外部公共关系	任务一 组织外部公共关系的特征与目标
	任务二 消费者关系
	任务三 媒介关系
	任务四 政府关系
	任务五 社区关系
项目六 公共关系形象塑造	任务一 组织形象的概述
	任务二 组织形象的塑造
	任务三 组织形象的识别系统
项目七 公共关系危机处理	任务一 公共关系危机的概述
	任务二 公共关系危机的处理程序
项目八 公共关系专题活动	任务一 公共关系专题活动的特征与目的
	任务二 新闻发布会
	任务三 庆典和纪念活动
	任务四 展览会
	任务五 社会赞助
项目九 公共关系社交礼仪	任务一 人际交往的基本原理
	任务二 公共关系社交
	任务三 公共关系礼仪

五、课程教学目标

1. 认知目标

（1）掌握公共关系职业岗位的工作职责、工作任务及基本的工作流程。

（2）熟悉公共关系的基本理论和技能。

2. 能力目标

（1）能完成公共关系的含义与特征和典型工作任务。

（2）掌握公共关系的构成要素：公共关系主体和社会组织；公共关系客体：公众及公共关系传播。

（3）了解公共关系的工作程序，组织内部公共关系、员工、股东关系。

3. 素养目标

（1）初步形成公共关系职业岗位认同感。
（2）养成认真工作的态度，诚信的职业品质。
（3）具有良好的团队合作能力。

六、参考学时与学分

参考学时：54学时。
参考学分：3学分。

七、课程结构（见表2-27）

表2-27 公共关系课程结构

序号	学习任务	职业能力	知识、技能、态度要求	教学活动设计	学时
1	导论	14-01-01、14-01-02	（1）公共关系的含义与特征 （2）公共关系的职能与原则 （3）公共关系的产生与发展 （4）公共关系与若干概念辨析	（1）了解公共关系的含义、特征 （2）理解公共关系的职能与原则 （3）了解公共关系的产生与发展 （4）理解公共关系与若干概念辨析	5
2	公共关系构成要素	14-02-01、14-02-02、14-02-03、14-03-01	（1）公共关系的主体——社会组织 （2）公共关系的客体——公众 （3）公共关系的传播	（1）了解公共关系的主体——社会组织 （2）了解公共关系的客体——公众 （3）掌握公共关系的传播	5
3	公共关系工作程序	14-03-03、14-04-03、14-04-04	（1）公共关系调查 （2）公共关系策划 （3）公共关系实施与评估	（1）了解公共关系调查 （2）掌握公共关系策划 （3）掌握公共关系实施与评估	5

续上表

序号	学习任务	职业能力	知识、技能、态度要求	教学活动设计	学时
4	组织内部公共关系	14-01-04	(1) 公共关系调查 (2) 公共关系策划 (3) 公共关系实施与评估	(1) 了解公共关系调查 (2) 进行公共关系策划 (3) 进行公共关系实施与评估	5
5	组织外部公共关系	14-01-01、 14-01-02、 14-02-02	(1) 消费者关系 (2) 媒介关系 (3) 政府关系 (4) 社区关系	(1) 掌握消费者关系 (2) 了解媒介关系 (3) 进行政府关系沟通 (4) 建立良好的社区关系	5
6	公共关系形象塑造	14-04-02、 14-04-03、 14-04-04	(1) 组织形象的概述 (2) 组织形象的塑造 (3) 组织形象的识别系统 CIS	(1) 组织形象的概述 (2) 组织形象的塑造方法 (3) 掌握组织形象的识别系统 CIS	5
7	公共关系危机处理	14-05-01、 14-05-02	(1) 公共关系危机的概述 (2) 公共关系危机的处理程序	(1) 进行公共关系危机的概述 (2) 进行公共关系危机的处理程序	7
8	公共关系专题活动	14-02-01	(1) 公共关系专题活动特征与目的 (2) 新闻发布会 (3) 庆典和纪念活动 (4) 展览会 (5) 社会赞助	(1) 理解公共关系专题活动特征与目的 (2) 举行新闻发布会 (3) 组织庆典和纪念活动 (4) 组织展览会 (5) 积极进行社会赞助	6
9	公共关系社交与礼仪	14-02、 14-03-02	(1) 人际交往的基本原理 (2) 公共关系社交 (3) 公共关系礼仪	(1) 掌握人际交往的基本原理 (2) 进行公共关系社交 (3) 熟悉公共关系礼仪	8
10			公共关系实训		3
合计					54

注:"职业能力"编码与附录"1.中高职衔接市场营销专业职业能力分析表"中的编码对应。

八、资源开发与利用

（一）教材编写与使用

（1）教材编写的理念：教材编写要符合高职高专职业技能教育特点和要求，遵循"以就业为导向、以能力为本位"的职业教育理念，通过工作活动、情景模拟和课后拓展作业相结合的方式组织编写。

（2）教材编写的内容：公共关系含义与特征、职能与原则、产生与发展、公共关系与若干概念辨析。

（3）教材编写的手段：根据公共关系的工作过程设置任务。

（二）数字化资源开发与利用

充分利用校园网辅助教学，建设网络教学资源如网络共享课程和精品课程，包括教学大纲、电子教案、教学案例、习题、多媒体等。

九、教学建议

（一）教学方法

（1）本课程采用项目教学，以学生为中心、教师为引导，以公共关系典型工作任务为载体，以培养学生职业能力为目标，让学生在完成工作任务过程中进行专业实践，在学会专业的基本知识及技能基础上提升综合职业能力。

（2）教学过程中，应以学生为本，关注学生的学习兴趣和体验，注重"教"和"学"的互动，如教师示范、学生操作、学生提问、教师解答和指导等。

（3）教学过程中，可创设职业情境，借助于现代信息技术，辅以多媒体等教具，采用角色扮演、情境教学等方法，实现"教、学、做"一体化，教师在做中教、学生在做中学。

（4）教学过程中，教师应积极引导学生提升职业能力，培养学生诚实守信、悉心细致、善于沟通和合作的品质。

（二）教学条件

（1）公共关系实训室。
（2）校内外实训、实验基地。
（3）稳定的校外实习实践基地。

十、教学评价

（1）教学评价标准应体现任务引领课程的特征，体现理论与实践的统一，加强实践教学环节的考核，以能否完成任务及完成的情况给予评价。

（2）教学评价方式注重即时评价与延时评价相结合、过程考核与结果考核相结合，结合课堂提问、学生作业、平时测验、技能竞赛、分级设岗、实习实训等任务完成情况和考试情况，采用学生自评与互评、教师评价、社会评价等多种形式，综合评定学生的成绩。

（3）应注重对学生在实践中动手能力、分析问题和解决问题能力的考核，对在学习和应用上有创新的学生应给予鼓励，综合评价学生的能力。

附：公共关系课程结构分析图（见图2-20）

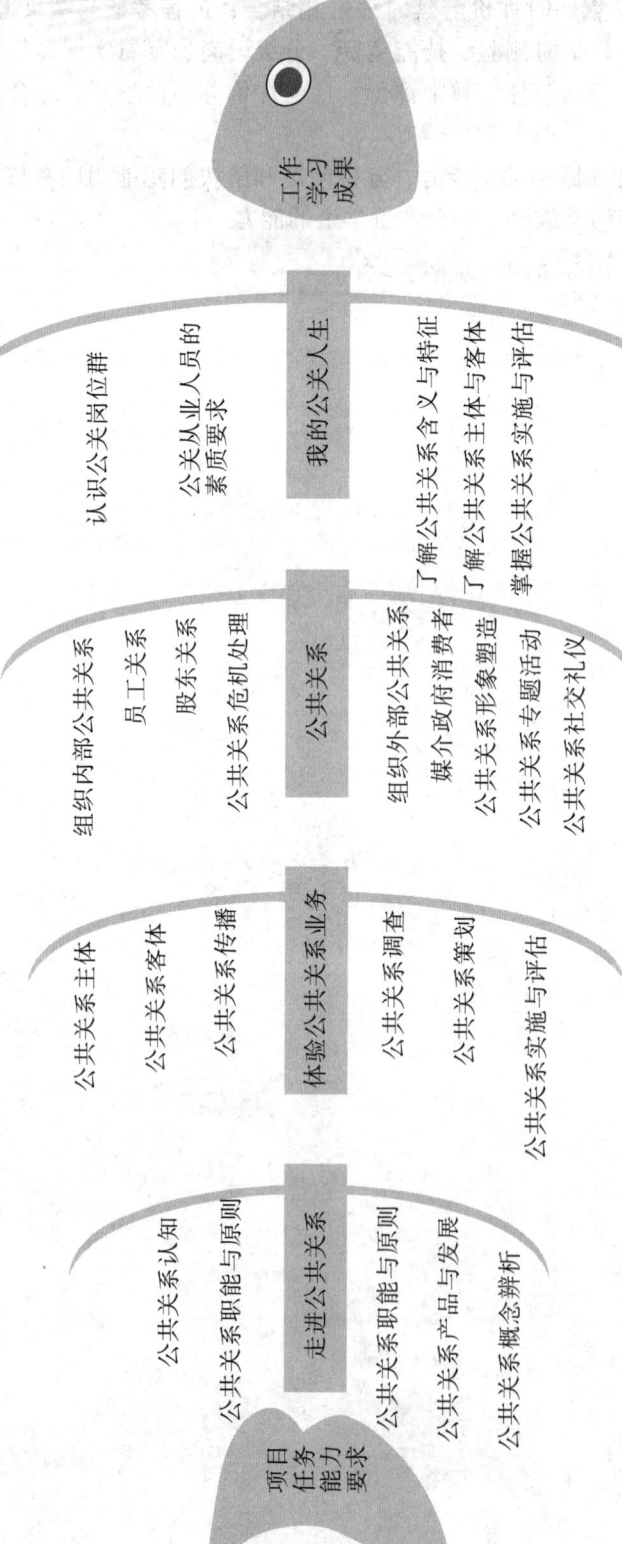

图2-20 公共关系课程结构分析图

(撰稿人：金 晗)

高职学段：渠道管理课程标准

一、课程名称

渠道管理。

二、适用专业

既适用于中高职衔接的高职市场营销专业，又适用于高职市场营销专业。

三、课程性质

本课程是高职学段市场营销专业的专业方向课程，也是实践性很强的项目课程。本课程以就业为导向、以渠道管理典型工作过程为主线、以完成渠道管理典型工作任务为内容，在学习渠道管理的基本理论与渠道管理实践技能的基础上，培养学生渠道管理理论能力，训练学生渠道管理技能。

四、课程设计

（一）设计思路

本课程以认同职业角色、履行岗位职责、夯实专业基础、掌握专业技能为目标，遵循学习规律，依照渠道管理典型工作过程设计课程模块。教学活动设计以渠道管理工作过程中的技能训练为主线，将知识目标和素养目标蕴含其中。

（二）内容组织（见表2-28）

表2-28 内容组织

项目	任务
项目一 营销渠道规划	任务一 走进营销渠道
	任务二 营销渠道功能
	任务三 营销渠道参与者
	任务四 影响渠道环境
项目二 营销渠道体系设计	任务一 渠道设计原则与流程
	任务二 设计渠道层次
	任务三 建立渠道模式

续上表

项目	任务
项目三　选择营销渠道类型	任务一　经销与销售代理
	任务二　连锁与特许经营
	任务三　直复营销
	任务四　国际分销

五、课程教学目标

1. 认知目标

（1）掌握营销渠道职业岗位的工作职责、工作任务及基本的工作流程。

（2）熟悉营销渠道的基本理论和技能。

2. 能力目标

（1）能完成营销渠道典型工作任务。

（2）能进行营销渠道规划、营销渠道体系设计。

（3）能根据项目需求选择渠道类型。

（4）能较好地运用现代营销渠道进行业务拓展，如网络渠道、连锁经营、直复营销等。

3. 素养目标

（1）初步形成营销渠道职业岗位认同感。

（2）养成认真工作的态度，诚信的职业品质。

（3）具有良好的团队合作能力。

六、参考学时与学分

参考学时：54 学时。

参考学分：3 学分。

七、课程结构（见表 2-29）

表 2-29　营销渠道课程结构

序号	学习任务	职业能力	知识、技能、态度要求	教学活动设计	学时
1	营销渠道认知	14-01、26-01	（1）了解营销渠道在企业营销中的重要性，营销渠道与其他营销策略关系 （2）营销渠道管理的基本内容	（1）营销渠道认知，营销渠道策略与其他营销策略关系 （2）营销渠道管理的基本内容	5

续上表

序号	学习任务	职业能力	知识、技能、态度要求	教学活动设计	学时
2	营销渠道管理的基本内容	01-01、11-01、13-01	(1) 营销渠道在企业营销中的重要性 (2) 营销渠道策略与其他营销策略关系 (3) 营销渠道管理的基本内容	(1) 营销渠道的重要性分析 (2) 营销渠道策略与其他营销策略的关系 (3) 营销渠道管理的基本内容	5
3	营销渠道理论	01-01	(1) 营销渠道的内涵 (2) 营销渠道存在的原因	(1) 认知营销渠道的内涵 (2) 营销渠道存在的原因	5
4	营销渠道成员	15-01、32-02、32-03、32-04	(1) 营销渠道的成员 (2) 制造商 (3) 中介机构 (4) 终端用户	(1) 认知营销渠道的成员 (2) 认知营销渠道制造商 (3) 认知营销渠道中介机构 (4) 认知营销渠道终端用户	5
5	营销渠道功能	21-01、22-01、23-01	(1) 收集与传送信息 (2) 促销与洽谈 (3) 整理分类、物流 (4) 降低和承担风险 (5) 融资与服务	(1) 能收集与传送信息 (2) 能进行促销与洽谈 (3) 能进行整理分类、物流 (4) 能降低和承担风险 (5) 能进行融资与服务	5
6	营销渠道结构	21-01、22-01	(1) 熟悉产品及市场 (2) 开发市场 (3) 订单管理 (4) 货款跟进	(1) 熟悉产品及市场 (2) 能开发市场 (3) 能进行订单管理 (4) 能进行货款跟进	5
7	营销渠道功能流	15-01、15-02、15-03	(1) 促销流 (2) 洽谈流 (3) 融资流 (4) 风险流 (5) 订货与支付流	(1) 能完成促销流 (2) 能完成洽谈流 (3) 能完成融资流 (4) 能完成风险流 (5) 能完成订货与支付流	3

续上表

序号	学习任务	职业能力	知识、技能、态度要求	教学活动设计	学时
8	价格策划	02-04、02-05	(1) 营销定价的含义 (2) 营销定价的因素 (3) 定价的目标与程序 (4) 定价方法和营销定价基本策略 (5) 价格调整的依据和方法	(1) 了解营销定价的含义 (2) 了解营销定价的因素 (3) 了解营销的目标与程序 (4) 了解营销定价方法与定价基本策略 (5) 了解价格调整的依据和方法	5
9	分销渠道战略	04-01、25-01、25-02、25-03	(1) 渠道战略认知与分析 (2) 渠道战略概述与分析 (3) 主要营销中介及其特征 (4) 渠道设计与决策的基本步骤 (5) 实施分销渠道控制基本方法	(1) 了解分销渠道概念与作用 (2) 了解渠道策略不同类型 (3) 了解主要营销中介及其特征 (4) 了解渠道设计决策基本步骤 (5) 实施分销渠道控制基本方法	4
10	渠道设计	04-01、30-01、34-01	(1) 营销渠道设计步骤 (2) 营销设计需求方与供应方分析 (3) 渠道差距分析,备选方案与渠道设计	(1) 营销渠道设计步骤 (2) 需求方与供应方分析 (3) 渠道差距分析,备选方案与渠道设计	4
11	渠道管理	30-01、34-01	(1) 渠道成员选择、培训与认证 (2) 渠道控制与冲突管理	(1) 渠道成员选择、培训 (2) 渠道控制与冲突管理	3
12	报表信息管理	18-02、29-01	(1) 报表信息管理 (2) 促销人员管理	(1) 报表信息管理 (2) 促销人员管理	2
13			营销渠道管理实训		3
			合计		54

注:"职业能力"编码与附录"1. 中高职衔接市场营销专业职业能力分析表"中的编码对应。

八、资源开发与利用

（一）教材编写与使用

（1）教材编写的理念：教材编写要符合高职高专职业技能教育的特点和要求，遵循"以就业为导向、以能力为本位"的职业教育理念，通过工作活动、情景模拟和课后拓展作业相结合的方式组织编写。

（2）教材编写的内容：营销渠道典型工作任务；营销渠道职业岗位的工作职责、工作任务；能进行营销渠道规划、营销渠道体系设计；能根据项目需求选择渠道类型；能较好地运用现代营销渠道进行业务拓展，如通过网络渠道、连锁经营、直复营销等。

（3）教材编写的手段：根据渠道管理的工作过程设置任务。

（二）数字化资源开发与利用

充分利用校园网辅助教学，建设网络教学资源如网络共享课程和精品课程，包括教学大纲、电子教案、教学案例、习题、多媒体等。

九、教学建议

（一）教学方法

（1）本课程采用项目教学，以学生为中心、教师为引导，以营销渠道典型工作任务为载体，以培养学生营销渠道职业能力为目标，使学生在完成工作任务过程中进行专业实践，学会专业的基本知识及技能，提升综合职业能力。

（2）教学过程中，应以学生为本，关注学生的学习兴趣和体验，注重"教"和"学"的互动，如教师示范、学生操作、学生提问、教师解答和指导等。

（3）教学过程中，可创设职业情境，借助于现代信息技术，辅以多媒体等教具，采用角色扮演、情境教学等方法，实现"教、学、做"一体化，教师在做中教、学生在做中学。

（4）教学过程中，教师应积极引导学生提升职业能力，培养学生诚实守信、悉心细致、善于沟通和合作的品质。

（二）教学条件

（1）市场营销实训室。
（2）利用市场营销技能实训软件进行渠道综合实训。
（3）稳定的校外实习实践基地。

十、教学评价

（1）教学评价标准应体现任务引领课程的特征，体现理论与实践的统一，加强实践教学环节的考核，以能否完成任务及完成的情况给予评价。

（2）教学评价方式注重即时评价与延时评价相结合、过程考核与结果考核相结合，结合课堂提问、学生作业、平时测验、技能竞赛、分级设岗、实习实训等任务完成情况和考试情况，采用学生自评与互评、教师评价、社会评价等多种形式，综合评定学生的成绩。

（3）应注重对学生在实践中动手能力、分析问题和解决问题能力的考核，对在学习和应用上有创新的学生应给予鼓励，综合评价学生的能力。

附：渠道管理课程结构分析图（见图2-21）

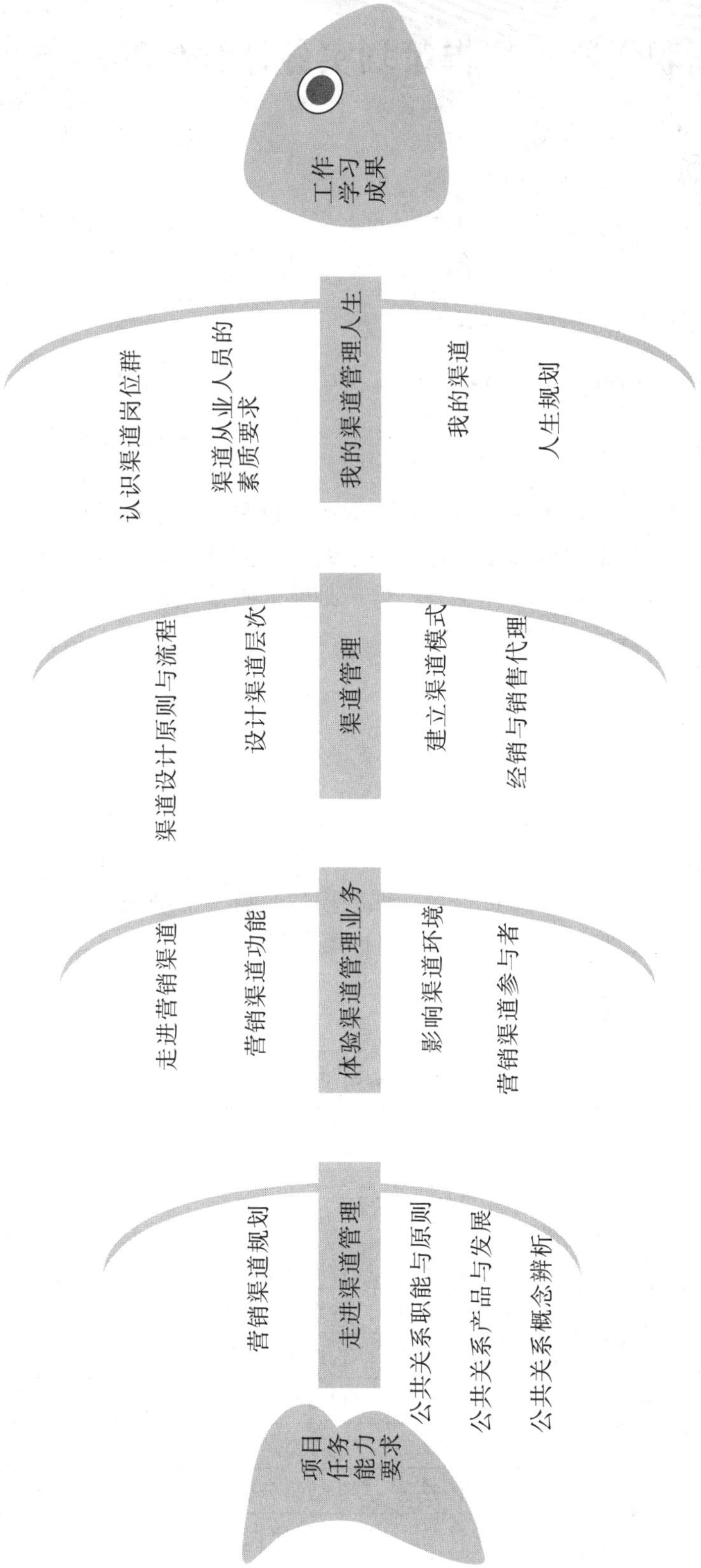

下篇 中高职衔接市场营销专业课程标准

项目任务能力要求

营销渠道规划
- 走进渠道管理
  - 公共关系职能与原则
  - 公共关系产品与发展
  - 公共关系概念辨析

体验渠道管理业务
- 走进营销渠道
- 营销渠道功能
- 影响渠道环境
- 营销渠道参与者

渠道管理
- 渠道设计原则与流程
- 设计渠道层次
- 建立渠道模式
- 经销与销售代理

我的渠道管理人生
- 认识渠道岗位群
- 渠道从业人员的素质要求
- 我的渠道
- 人生规划

工作学习成果

图2-21 渠道管理课程结构分析图

（撰稿人：张丽华）

高职学段：广告策划实务课程标准

一、课程名称

广告策划实务。

二、适用专业

既适用于中高职衔接的高职市场营销专业，又适用于高职市场营销专业。

三、课程性质

本课程是高职学段市场营销专业的专业方向课程，也是实践性很强的项目课程。本课程以就业为导向、以广告策划典型工作过程为主线、以完成广告策划实务典型工作任务为内容，在学习广告策划基本基本理论与广告策划实践技能基础上，培养学生相关广告策划理论知识能力，训练学生广告策划技能。

四、课程设计

（一）设计思路

本课程以认同职业角色、履行岗位职责、夯实专业基础、掌握专业技能为目标，遵循学习规律，依照广告策划典型工作过程设计课程模块。教学活动设计以广告策划工作过程中的技能训练为主线，将知识目标和素养目标蕴含其中。

（二）内容组织（见表 2-30）

表 2-30　内容组织

项目	任务
项目一　广告策划	任务一　广告策划方案设计
	任务二　广告主题策划
	任务三　广告创意策划
项目二　广告媒体运用	任务一　广告媒体选择
	任务二　广告媒体运用
项目三　广告策略运用	任务一　广告策略分析
	任务二　广告策略运用决策
项目四　广告效果测定	任务一　广告效果分析
	任务二　广告效果测定

续上表

项目	任务
项目五　主要商品广告特点和策划	任务一　主要商品广告特点分析
	任务二　主要商品广告策划

五、课程教学目标

1. 认知目标

（1）掌握广告策划职业岗位的工作职责、工作任务及基本的工作流程。

（2）熟悉广告策划的基本理论和技能。

2. 能力目标

（1）能完成广告策划含义与特征和典型工作任务。

（2）掌握广告策划构成要素：广告主题策划、广告创意策划、广告策略运用决策、广告效果分析、效果测定能力。

（3）掌握主要商品广告特点分析与广告策划能力。

3. 素养目标

（1）初步形成广告策划职业岗位认同感。

（2）养成认真工作的态度，诚信的职业品质。

（3）具有良好的团队合作能力。

六、参考学时与学分

参考学时：54 学时。

参考学分：3 学分。

七、课程结构（见表 2-31）

表 2-31　广告策划实务课程结构

序号	学习任务（单元、模块）	职业能力	知识、技能、态度要求	教学活动设计	学时
1	广告策划概述	01-01、01-04	（1）广告的含义、特征 （2）广告策划的内容、模式 （3）企业广告的管理内容	（1）了解广告含义、特征 （2）掌握广告策划内容模式 （3）掌握企业广告内容	6

续上表

序号	学习任务（单元、模块）	职业能力	知识、技能、态度要求	教学活动设计	学时
2	广告提案	01-01-01、01-01-05、02-01	（1）广告竞标会准备及流程 （2）广告提案的内容 （3）广告提案的准备工作 （4）广告提案的陈述要点	（1）掌握广告提案含义与特征 （2）掌握广告提案撰写内容 （3）掌握广告提案陈述技巧与要点	6
3	广告调查概述	05-01	（1）广告调查的基本内容 （2）广告调查的具体方式及方法 （3）广告调查的问卷设计要点	（1）掌握广告调查的基本内容 （2）掌握广告调查的具体方式及方法 （3）掌握广告调查问卷设计及要领	5
4	广告主题概述与策划流程	07-03、08-01	（1）广告主题构成的要素与要求 （2）广告主题策划的流程 （3）广告主题创意确定	（1）理解广告主题的含义与特征 （2）掌握广告主题的策划流程 （3）掌握广告主题的策划技巧	5
5	广告创意概述与方案写作	36-01、37-01	（1）广告创意的内涵 （2）广告创意的模式 （3）广告创意的技巧 （4）广告文案写作	（1）理解广告创意内涵与特征 （2）掌握广告创意思维与模式 （3）掌握广告方案写作技巧	5
6	广告媒体概述、新闻事件策划及促销活动策划	02-01、12-01、33-01	（1）广告媒体的含义与特征 （2）广告媒体策略制定流程 （3）新闻事件策划的含义及方法 （4）促销活动策划的含义及方法	（1）理解广告媒体的特征与工作任务 （2）掌握广告媒体的选择与组合运用 （3）掌握新闻事件的策划方法 （4）掌握促销活动的策划方法	5

续上表

序号	学习任务（单元、模块）	职业能力	知识、技能、态度要求	教学活动设计	学时
7	广告策划作业流程、策划书内容及撰写技巧	05－01、14－01	（1）广告策划的作业及表现 （2）广告策划书的原则格式与要求 （3）广告策划书的主要内容 （4）广告策划书的撰写练习	（1）了解广告策划的作业流程 （2）掌握广告策划书的主要内容 （3）掌握广告策划书撰写技巧，并能进行广告策划书创作 （4）广告策划书撰写与练习	6
8	广告效果测评概述、测评程序、原则及标准	07－01、07－02、13－01	（1）理解广告效果测评重要意义 （2）掌握广告效果的测评程序 （3）掌握广告效果测评的各种方法	（1）广告效果测评的含义与特点 （2）广告效果测评的原则与标准 （3）广告媒体的效果、心理效果与销售	8
9	广告策划实训				8
合计					54

注："职业能力"编码与附录"1. 中高职衔接市场营销专业职业能力分析表"中的编码对应。

八、资源开发与利用

（一）教材编写与使用

（1）教材的编写理念：教材编写要符合高职院校职业技能教育的特点和要求，遵循"以就业为导向、以能力为本位"的职业教育理念，通过工作活动、情景模拟和课后拓展作业相结合的方式组织编写。

（2）教材编写的内容：广告策划、广告媒体运用能力、广告策略分析与运用能力、广告效果测定能力和主要商品广告特点和策划能力。

（3）教材编写的手段：根据广告策划的工作过程设置任务。

（二）数字化资源开发与利用

充分利用校园网辅助教学，建设网络教学资源如网络共享课程和精品课程，包括教学大纲、电子教案、教学案例、习题、多媒体等。

九、教学建议

（一）教学方法

（1）本课程采用项目教学，以学生为中心、教师为引导，以广告策划典型工作任务为载体，以培养学生职业能力为目标，让学生在完成工作任务过程中进行专业实践，在提升学生专业基本知识及技能的基础上，提升综合职业能力。

（2）教学过程中，应以学生为本，关注学生的学习兴趣和体验，注重"教"和"学"的互动，如教师示范、学生操作、学生提问、教师解答和指导等。

（3）教学过程中，可创设职业情境，借助于现代信息技术，辅以多媒体等教具，采用角色扮演、情境教学等方法，实现"教、学、做"一体化，教师在做中教、学生在做中学。

（4）教学过程中，教师应积极引导学生提升职业能力，培养学生诚实守信、悉心细致、善于沟通和合作的品质。

（二）教学条件

（1）广告策划实训室。
（2）校内外实训、实验基地。
（3）稳定的校外实习实践基地。

十、教学评价

（1）教学评价标准应体现任务引领课程的特征，体现理论与实践的统一，加强实践教学环节的考核，以能否完成任务及完成的情况给予评价。

（2）教学评价方式注重即时评价与延时评价相结合、过程考核与结果考核相结合，结合课堂提问、学生作业、平时测验、技能竞赛、分级设岗、实习实训等任务完成情况和考试情况，采用学生自评与互评、教师评价、社会评价等多种形式，综合评定学生的成绩。

（3）应注重对学生实践中动手能力、分析问题和解决问题能力的考核，对在学习和应用上有创新的学生应给予鼓励，综合评价学生的能力。

附：广告策划课程结构分析图（见图2-22）

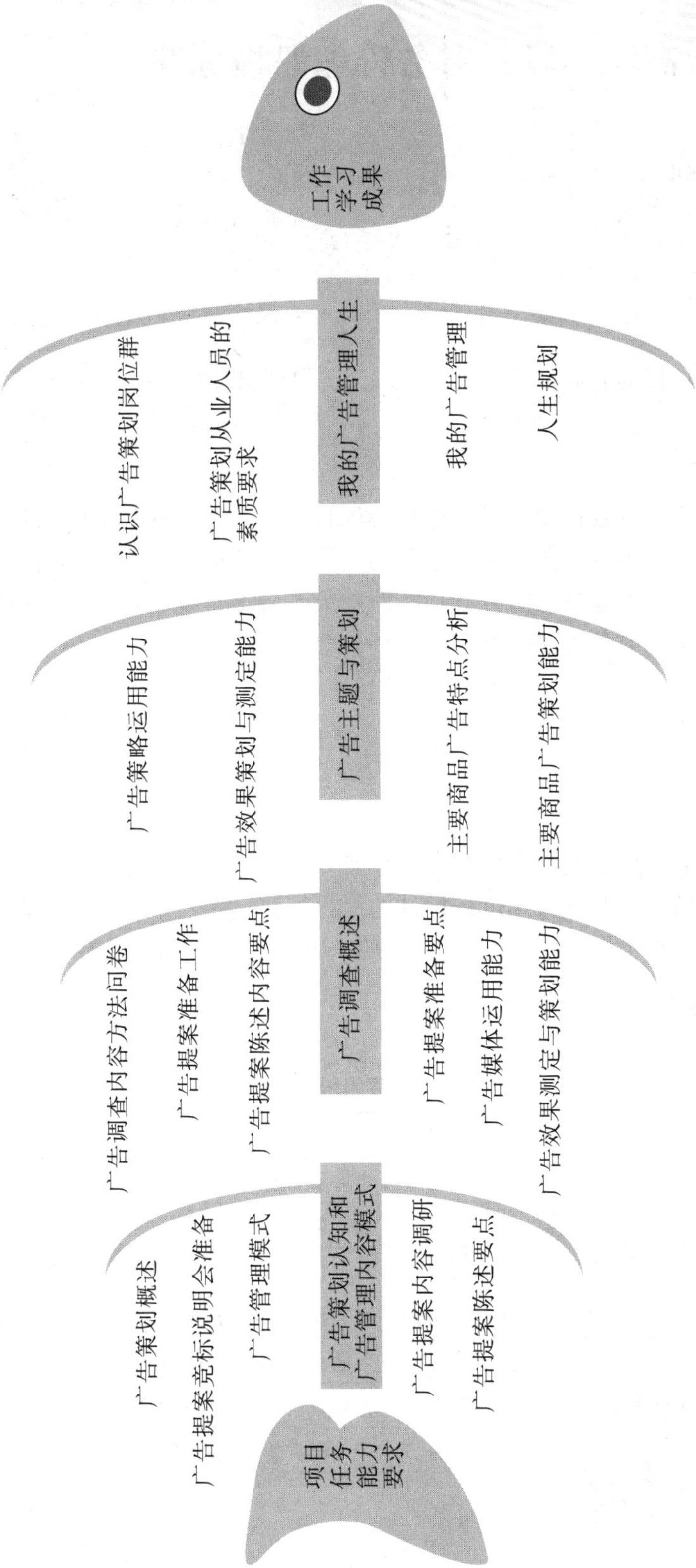

下篇
中高职衔接市场营销专业课程标准

图2-22 广告策划实务课程结构分析图

（撰稿人：杨芳芳）

高职学段：财务管理课程标准

一、课程名称

财务管理。

二、适用专业

既适用于中高职衔接的高职市场营销专业，又适用高职市场营销专业。

三、课程性质

本课程是高职学段市场营销专业设置的核心课程，也是实践性很强的项目课程。本课程以就业为导向、以财务管理典型工作过程为主线、以完成财务管理典型工作任务为内容，在学习财务管理基本理论与财务管理实践技能基础上，既注重学生相关的财务管理理论培养，也注重学生财务管理技能训练。

四、课程设计

（一）设计思路

本课程以认同职业角色、履行岗位职责、夯实专业基础、掌握专业技能为目标，遵循学习规律，依照财务管理典型工作过程设计的课程模块。课程中教学活动设计以学生学习认知规律及财务管理工作过程中技能训练为主线，将知识目标和素养目标蕴含其中。

（二）内容组织（见表2-32）

表2-32　内容组织

项目	任务
项目一　财务管理认知	任务一　企业资金及资金筹集
	任务二　如何取得银行贷款
	任务三　财务预算分类
	任务四　财务预算编制方法
项目二　筹资管理	任务一　全面预算编制方法
	任务二　企业流动资产特点/现金管理
	任务三　应收账款管理/存货管理

续上表

项目	任务
项目三 项目投资管理	任务一 固定资产管理
	任务二 固定资产租赁
	任务三 企业无形资产管理

五、课程教学目标

1. 认知目标

（1）掌握财务管理职业岗位的工作职责、工作任务及基本的工作流程。

（2）熟悉财务管理的基本理论和技能。

2. 能力目标

（1）掌握财务管理岗位工作职责、工作任务职能与原则。

（2）掌握财务管理构成要素。

（3）了解财务管理工作程序。

3. 素养目标

（1）初步形成财务管理职业岗位认同感。

（2）养成认真工作的态度和诚信的职业品质。

（3）具有良好的团队合作能力。

六、参考学时与学分

参考学时：54 学时。

参考学分：3 学分。

七、课程结构（见表 2-33）

表 2-33 财务管理课程结构

序号	学习任务	职业能力	知识、技能、态度要求	教学活动设计	学时
1	财务管理导论	04-01	（1）企业资金及资金链 （2）企业资金来源渠道	（1）了解企业资金及资金链 （2）掌握企业资金的来源渠道	5

续上表

序号	学习任务	职业能力	知识、技能、态度要求	教学活动设计	学时
2	银行借款	04-01	如何申请银行借款	了解如何申请银行借款	5
3	财务预算	04-01	(1) 财务预算的分类 (2) 财务预算的编制方法 (3) 全面预算编制	(1) 进行财务预算的分类 (2) 了解财务预算的编制方法 (3) 进行财务预算编制 (4) 编制全面预算	15
4	企业流动资产管理	04-01-08、04-01-11	(1) 企业流动资产的特点 (2) 企业流动资产的特点/现金管理	(1) 掌握企业流动资产的特点 (2) 了解企业流动资产的特点/现金管理	6
5	应收账款存货管理	25-01-01、25-01-02、25-01-03	(1) 企业应收账款管理 (2) 企业存货管理	(1) 进行企业应收账款管理 (2) 进行企业存货管理	6
6	固定资产管理	36-01	(1) 固定资产管理 (2) 无形资产管理	(1) 进行固定资产管理 (2) 进行企业无形资产管理	6
7	固定资产租赁	37-01-07、37-01-08	(1) 固定资产租赁 (2) 企业无形资产管理	(1) 进行企业固定资产租赁 (2) 进行企业无形资产管理	8
8	财务管理实训				3
合计					54

注:"职业能力"编码与附录"1. 中高职衔接市场营销专业职业能力分析表"中的编码对应。

八、资源开发与利用

(一)教材编写与使用

(1) 教材编写的理念:教材编写要符合院高职校职业技能教育的特点和要求,遵循

"以就业为导向、以能力为本位"的职业教育理念,通过工作活动、情景模拟和课后拓展作业相结合的方式组织编写。

(2) 教材编写的内容:财务管理导论、银行借款、财务预算、企业流动资产管理、应收账款管理、企业固定资产和无形资产管理等。

(3) 教材编写的手段:根据账务管理的工作过程设置任务。

(二) 数字化资源开发与利用

充分利用校园网辅助教学,建设网络教学资源如网络共享课程和精品课程,包括教学大纲、电子教案、教学案例、习题、多媒体等。

九、教学建议

(一) 教学方法

(1) 本课程采用项目教学,以学生为中心、教师为引导,以财务管理典型工作任务为载体,以培养学生职业能力为目标,让学生在完成工作任务过程中进行专业实践,在学会专业的基本知识及技能基础上提升综合职业能力。

(2) 教学过程中,应以学生为本,关注学生的学习兴趣和体验,注重"教"和"学"的互动,如教师示范、学生操作、学生提问、教师解答和指导等。

(3) 教学过程中,可创设职业情境,借助于现代信息技术,辅以多媒体等教具,采用角色扮演、情境教学等方法,实现"教、学、做"一体化,教师在做中教、学生在做中学。

(4) 教学过程中,教师应积极引导学生提升职业能力,培养学生诚实守信、悉心细致、善于沟通和合作的品质。

(二) 教学条件

(1) 财务管理实训室。
(2) 校内外实训、实验基地。
(3) 稳定的校外实习实践基地。

十、教学评价

(1) 教学评价标准应体现任务引领课程的特征,体现理论与实践的统一,加强实践教学环节的考核,以能否完成任务及完成的情况给予评价。

(2) 教学评价方式注重即时评价与延时评价相结合、过程考核与结果考核相结合,结合课堂提问、学生作业、平时测验、技能竞赛、分级设岗、实习实训等任务完成情况和考试情况,采用学生自评与互评、教师评价、社会评价等多种形式,综合评定学生的成绩。

(3) 应注重对学生在实践中动手能力、分析问题和解决问题能力的考核,对在学习和应用上有创新的学生应给予鼓励,综合评价学生的能力。

附:财务管理课程结构分析图(见图2-23)

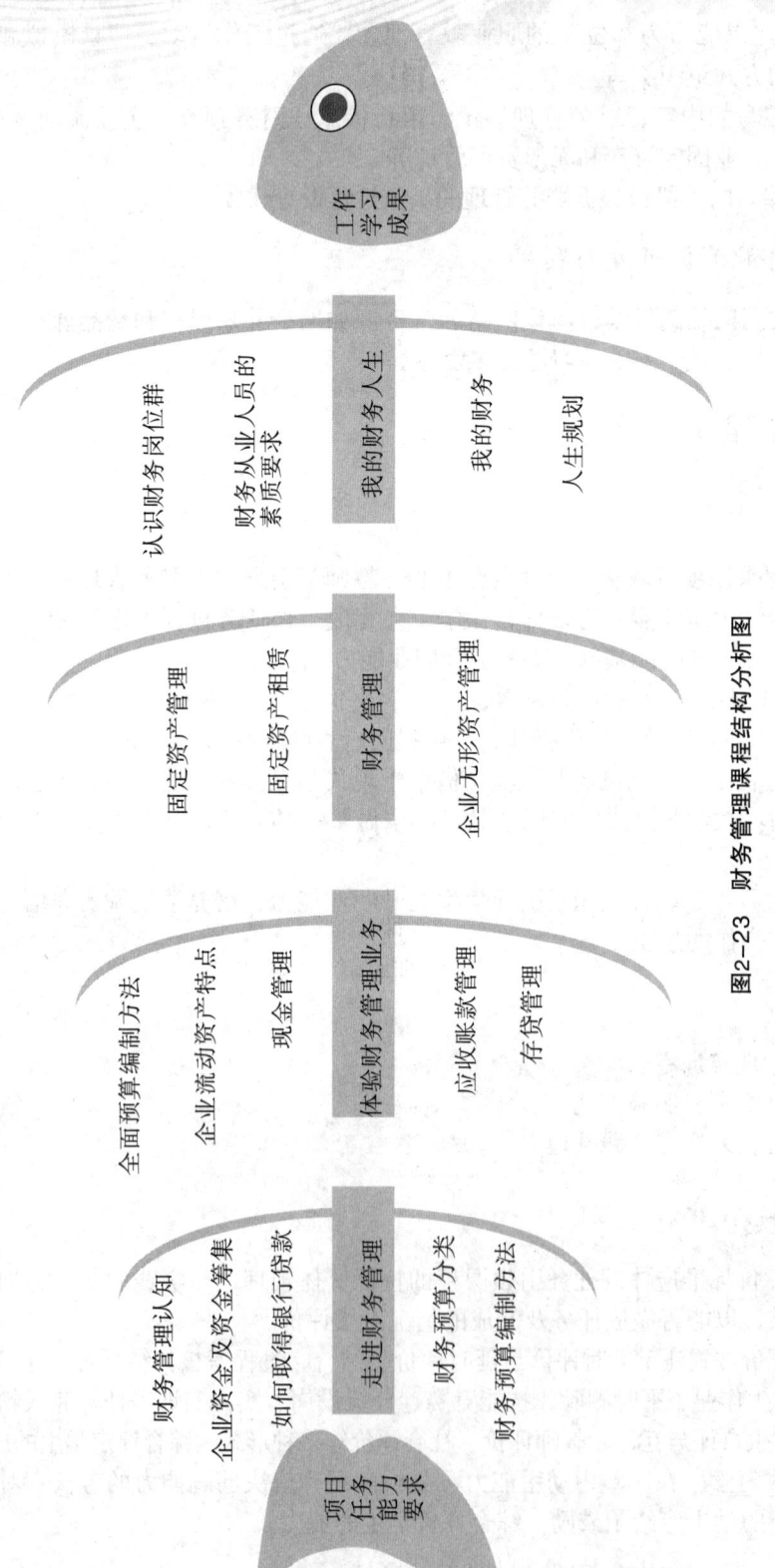

图2-23 财务管理课程结构分析图

(撰稿人：吕 雪)

高职学段：个人与团队管理课程标准

一、课程名称

个人与团队管理。

二、适用专业

既适用于中高职衔接的高职市场营销专业，又适用于高职市场营销专业。

三、课程性质

本课程是高职学段市场营销专业的核心课程，也是实践性很强的项目课程。本课程以就业为导向，以团队管理典型工作过程为主线，以完成团队管理典型工作任务为内容，在学习团队管理基本理论与团队管理实践技能基础上，既注重学生相关的团队管理理论培养，也注重学生团队管理技能训练。

四、课程设计

（一）设计思路

本课程以认同职业角色、履行岗位职责、夯实专业基础、掌握专业技能为目标，遵循学习规律，依照团队管理典型工作过程设计课程模块。课程中教学活动设计遵循学生学习认知规律，以团队管理工作过程中技能训练为主线，将知识目标和素养目标蕴含其中。

（二）内容组织（见表2-34）

表2-34 内容组织

项目	任务
项目一 团队管理认知	任务一 团队管理认知 任务二 明确学习任务与方法 任务三 建立团队学习小组
项目二 打造一流团队	任务一 走进团队 任务二 一流团队必备条件 任务三 打造团队精神与团队文化
项目三 建立高效团队策略	任务一 团队培训 任务二 团队激励

续上表

项目	任务
项目四　培养高效率团队成员	任务一　团队沟通训练（有效沟通方法） 任务二　团队冲突训练（激励制度与方法） 任务三　团队冲突管理；绩效考核方法 任务四　团队绩效
项目五　如何提升团队竞争力	任务一　如何解决团队冲突 任务二　如何培训团队 任务三　培训方案与实施 任务四　团队竞争力训练
项目六　培育团队文化	任务一　培育团队文化 任务二　培育团队精神

五、课程教学目标

1. 认知目标

（1）认知团队管理职业岗位的工作职责、工作任务及基本的工作流程。

（2）掌握运用团队管理的基本理论和技能。

（3）懂得团队管理的工作任务。

2. 能力目标

（1）掌握团队管理典型工作任务。

（2）掌握团队管理岗位工作职责、工作任务职能与原则。

（3）掌握团队管理构成要素：团队认知，建立团队小组。

（4）打造团队精神与团队文化；了解团队管理工作程序。

（5）建立高效团队策略与技巧：团队培育、团队激励。

（6）培养高效率团队成员技巧：团队沟通、团队冲突与绩效管理。

（7）团队领导，团队创新。

3. 素养目标

（1）初步形成团队管理职业岗位认同感。

（2）养成认真工作的态度，具备诚信的职业品质。

（3）具有团队管理职业工作岗位细致的工作精神和诚信的职业品质。

（4）具有良好的团队合作能力。

六、参考学时与学分

参考学时：36 学时。

参考学分：2 学分。

七、课程结构（见表 2-35）

表 2-35　个人与团队管理课程结构

序号	学习任务	职业能力	知识、技能、态度要求	教学活动设计	学时
1	团队管理认知	28-01-01、28-01-05	（1）团队管理认知 （2）明确团队学习任务 （3）建立团队学习小组	（1）团队管理认知 （2）明确团队学习任务 （3）组建团队学习小组	5
2	打造一流团队	28-01-02、28-01-08	（1）走进营销团队 （2）一流团队必备条件 （3）打造团队精神与团队文化	（1）建立营销团队 （2）一流团队必备条件 （3）打造团队精神与团队文化	5
3	建立高效率团队策略	28-01-09、28-01-10	（1）团队培训 （2）团队激励	（1）团队培训 （2）团队激励	5
4	培养高效团队成员	28-01-03、28-01-04	（1）团队沟通训练 （2）团队冲突管理 （3）团队绩效管理	（1）团队沟通训练 （2）团队冲突管理 （3）团队绩效管理	5
5	提升团队竞争力	28-01-05、28-01-08	（1）如何解决团队冲突 （2）如何培训团队成员 （3）制定团队培训方案	（1）如何解决团队冲突 （2）如何培训团队成员 （3）制定团队培训方案	6
6	培育团队文化	28-01-09	（1）培育团队文化 （2）培育团队精神	（1）培育团队文化 （2）培育团队精神	5
7	团队管理实训				5
合计					36

注："职业能力"编码与附录"1. 中高职衔接市场营销专业职业能力分析表"中的编码对应。

八、资源开发与利用

（一）教材编写与使用

教材编写要符合高职院校职业技能教育的特点和要求，遵循"以就业为导向、以能力为本位"的职业教育理念，结合工作活动、情景模拟和课后拓展作业。教材内容涵括：团队管理概述、打造一流团队、建立高效团队策略、培养高效率团队成员、提升团队竞争力和培育团队文化等。

（二）数字化资源开发与利用

充分利用校园网辅助教学，建设网络教学资源如网络共享课程和精品课程等。

九、教学建议

（一）教学方法

（1）本课程采用项目教学，以学生为中心、教师为引导，打造团队精神与团队文化，进行团队培训和团队激励，寻求团队有效沟通方法，学习如何解决团队冲突、如何培养团队成员。设计团队培训方案与实施，培育团队文化和培育团队精神。

（2）教学过程中，应以学生为本，关注学生的学习兴趣和体验，注重"教"和"学"的互动，采取方式有教师示范、学生操作、学生提问、教师解答和指导等。

（3）教学过程中，可创设职业情境，借助于现代信息技术，辅以多媒体等教具，采用角色扮演、情境教学等方法，实现"教、学、做"一体化，教师在做中教、学生在做中学。

（4）教学过程中，教师应积极引导学生提升职业素养，培养学生诚实守信、工作细致、善于沟通和合作的品质。

（二）教学条件

（1）团队管理实训室。
（2）校内外实训、实验基地。
（3）稳定的校外实习实践基地。

十、教学评价

（1）教学评价标准应体现任务引领课程的特征，体现理论与实践的统一，加强实践教学环节的考核，以能否完成任务及完成的情况给予评价。

（2）教学评价方式注重即时评价与延时评价相结合、过程考核与结果考核相结合，结合课堂提问、学生作业、平时测验、技能竞赛、分级设岗、实习实训等任务完成情况和考试情况，采用学生自评与互评、教师评价、社会评价等多种形式，综合评定学生的成绩。

（3）应注重对学生实践中动手能力、分析问题和解决问题能力的考核，对在学习和应用上有创新的学生应给予特别鼓励，综合评价学生的能力。

附：个人与团队管理课程结构分析图（见图 2-24）

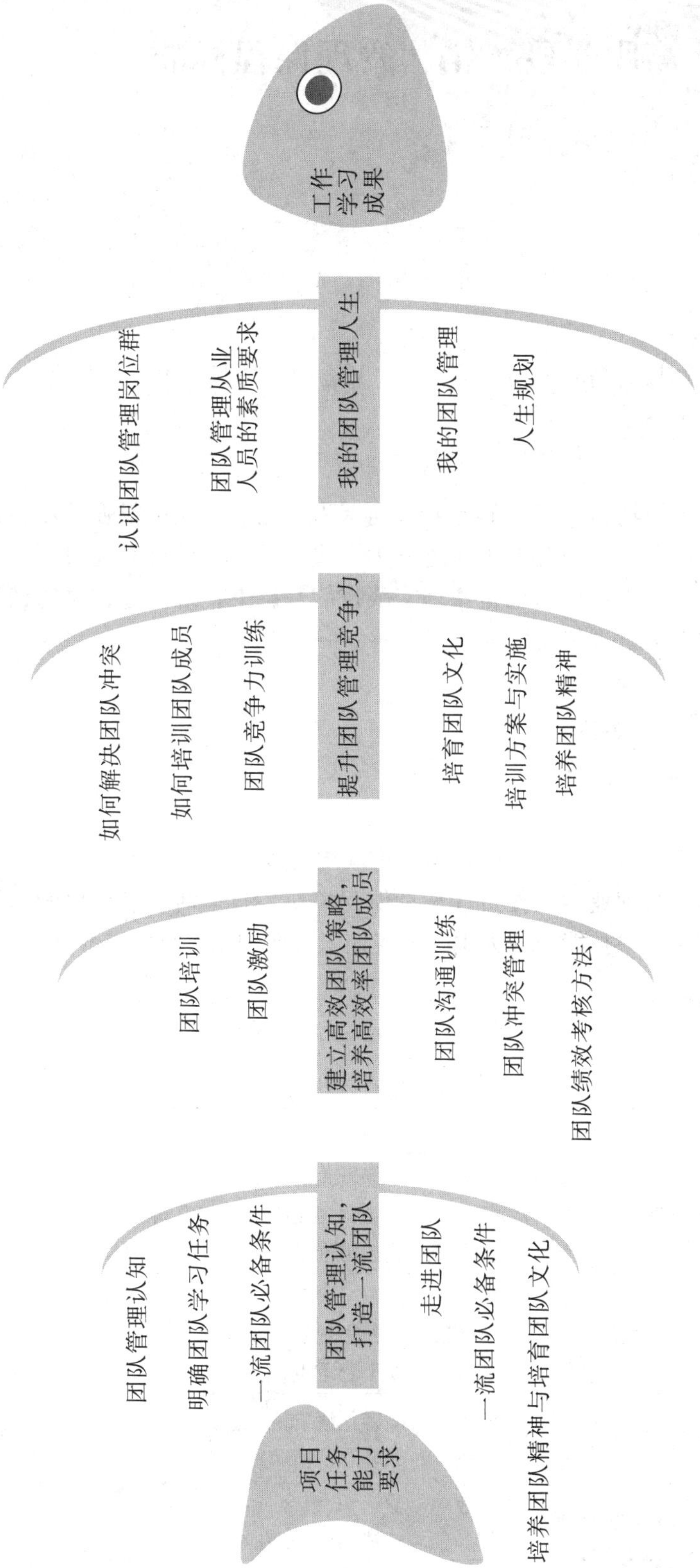

图2-24 个人与团队管理课程结构分析图

（撰稿人：赵敬明）

高职学段：销售管理课程标准

一、课程名称

销售管理。

二、适用专业

既适用于中高职衔接的高职市场营销专业，又适用于高职市场营销专业。

三、课程性质

本课程是高职学段市场营销专业的专业方向课程，也是实践性很强的项目课程。本课程以就业为导向，以销售管理典型工作过程为主线，以完成销售管理典型工作任务为内容，在学习销售管理基本理论与销售管理实践技能基础上，既注重相关的销售管理理论培养，也注重学生销售管理技能训练。

四、课程设计

（一）设计思路

本课程以认同职业角色、履行岗位职责、夯实专业基础、掌握专业技能为目标，遵循学习规律，依照销售管理典型工作过程设计课程模块。教学活动设计以学生学习认知规律和销售管理工作过程中技能训练为主线，将知识目标和态度目标蕴含其中。

（二）内容组织（见表2-36）

表2-36　内容组织

项目	任务	
项目一　销售管理	任务一	市场营销研究对象
	任务二	市场营销核心概念与内涵
	任务三	营销与推销的区别
项目二　营销发展四阶段	任务一	营销发展四阶段
	任务二	营销思想发展新观念
	任务三	九个着重点
项目三　顾客价值与满意度	任务一	顾客让渡价值
	任务二	顾客总价值和顾客总成本
项目四　营销和营销组合	任务一	营销6P组合
	任务二	营销4P、4C和4S

续上表

项目	任务
项目五 营销战略及营销组合	任务一 营销战略 任务二 营销组合中的4P、4C和4S 任务三 营销6P组合
项目六 营销计划及营销方案	任务一 营销计划 任务二 营销方案
项目七 营销环境目标市场	任务一 营销环境分析 任务二 目标市场选择 任务三 市场定位 任务四 定位策略
项目八 产品策略	任务一 产品整体概念 任务二 产品生命周期 任务三 产品组合
项目九 价格策略	任务一 影响定价因素 任务二 定价方法 任务三 定价技巧与策略
项目十 分销渠道	任务一 分销渠道性质 任务二 分销渠道设计与管理 任务三 分销渠道模式
项目十一 促销策略	任务一 促销组合 任务二 人员推销 任务三 广告策划 任务四 销售促进
项目十二 企业竞争战略	任务一 企业竞争能力 任务二 市场竞争策略
项目十三 营销管理综合运用	任务一 如何撰写商业计划书 任务二 如何撰写促销方案 任务三 如何撰写营销策划书

五、课程教学目标

1. 认知目标

（1）掌握销售管理职业岗位的工作职责、工作任务及基本的工作流程。

（2）掌握销售管理的基本理论和技能基础。

2. 能力目标

（1）掌握销售管理典型工作任务。

（2）掌握销售管理岗位工作职责、工作任务职能与原则。

（3）掌握销售管理构成要素。

（4）了解销售管理工作程序、营销发展四阶段。懂得营销新观念、顾客价值与满意度；营销和营销组合、营销战略及营销组合、营销计划及营销方案；会市场营销环境分析、目标市场选择与市场定位；懂得产品整体概念、产品生命周期、产品组合、影响定价因素、定价方法、定价技巧与策略、分销渠道设计与管理、分销渠道模式、促销组合、人员推销、广告、销售促进、企业竞争能力、市场竞争策略、营销管理综合运用，会写商业计划书、商业促销方案和案例分析等。

3. 素养目标

（1）初步形成销售管理职业岗位认同感。

（2）养成认真工作的态度，具备诚信的职业品质。

（3）具有销售管理职业工作岗位细致工作精神、诚信的职业品质。

（4）具有良好的团队合作能力。

六、参考学时与学分

参考学时：54 学时。

参考学分：3 学分。

七、课程结构（见表 2-37）

表 2-37　销售管理课程结构

序号	学习任务 （单元、模块）	职业能力	知识、技能、态度要求	教学活动设计	学时
1	营销研究对象	01-01、 03-01	（1）市场营销实质 （2）市场营销研究对象	（1）市场营销实质认知 （2）市场营销研究对象认知	4
2	营销核心概念	02-01、 08-01	（1）营销定义 （2）营销与推销区别	（1）了解营销定义 （2）了解营销与推销区别	4

续上表

序号	学习任务（单元、模块）	职业能力	知识、技能、态度要求	教学活动设计	学时
3	营销发展四阶段	02–01	(1) 营销发展四阶段 (2) 营销九个着力点	(1) 了解营销发展四阶段 (2) 了解营销九个着力点	4
4	顾客价值与满意度	01–01、17–01	(1) 顾客让渡价值 (2) 顾客总价值 (3) 顾客总成本	(1) 产品整体概念认知 (2) 产品生命周期认知 (3) 产品组合认知	4
5	营销和营销组合	08–01、21–01	(1) 营销6P组合 (2) 4P、4C、4S内涵	(1) 营销6P组合 (2) 4P、4C、4S	4
6	营销战略、营销计划、营销方案	17–01–10、17–01–13	(1) 营销战略 (2) 营销计划 (3) 营销方案	(1) 营销战略 (2) 营销计划 (3) 营销方案	4
7	市场营销环境分析	07–03、14–01	(1) 宏观环境分析 (2) 微观环境分析	(1) 宏观环境分析 (2) 微观环境分析	4
8	目标市场战略	21–01–09、21–01–10	(1) 市场细分 (2) 目标市场选择 (3) 目标市场定位 (4) 三大定位策略	(1) 企业竞争战略 (2) 竞争地位划分与界定	3
9	产品整体概念	21–01–01、21–01–02	(1) 产品整体概念 (2) 产品生命周期 (3) 产品组合	(1) 产品整体概念 (2) 产品生命周期 (3) 产品组合	3
10	产品定价	26–01–09、26–01–10、34–01	(1) 定价影响因素 (2) 定价方法 (3) 定价技巧与策略	(1) 定价影响因素 (2) 定价方法 (3) 定价技巧与策略	4
11	分销渠道设计管理与模式	23–01、24–01	(1) 分销渠道设计与管理 (2) 分销渠道模式	(1) 分销渠道设计与管理 (2) 分销渠道模式	4

续上表

序号	学习任务（单元、模块）	职业能力	知识、技能、态度要求	教学活动设计	学时
12	促销组合、人员促销、广告策划、销售促进	25-01-01、25-01-02、25-01-03	（1）掌握服务品牌基本理论 （2）掌握雇主品牌基本理论 （3）掌握网上品牌基本理论	（1）掌握服务品牌基本理论 （2）掌握雇主品牌基本理论 （3）掌握网上品牌基本理论	4
13	企业竞争力市场竞争策略	40-01—01、40-01-02、40-01-09	（1）企业竞争战略 （2）竞争地位划分与界定	（1）企业竞争战略 （2）竞争地位划分与界定	4
14	销售管理实训				4
合计					54

注："职业能力"编码与附录"1. 中高职衔接市场营销专业职业能力分析表"中的编码对应。

八、资源开发与利用

（一）教材编写与使用

（1）教材编写理念：教材编写要符合高职高专职业技能教育特点和要求，遵循"以就业为导向、以能力为本位"的职业教育理念，通过工作活动、情景模拟和课后拓展作业相结合的方式组织编写。

（2）教材编写内容：市场营销实质、营销发展四阶段与营销新观念；顾客价值与满意度；营销和营销组合、营销战略、营销计划及营销方案；市场营销环境分析、目标市场选择与市场定位与定位策略；产品整体概念、产品生命周期、产品组合、影响定价的因素、定价方法、定价技巧与策略、分销渠道性质类型、分销渠道设计与管理、分销渠道模式；促销组合、人员促销、广告策划、销售促进、企业竞争战略；企业竞争力、市场竞争策略和营销管理综合运用等。

（二）数字化资源开发与利用

充分利用校园网辅助教学，建设网络教学资源如网络共享课程和精品课程，制作电子教案、教学案例、习题、多媒体学习资料等。

九、教学建议

（一）教学方法

（1）本课程采用项目教学，以学生为中心、教师为引导。以典型工作任务为载体，培养学生职业能力，让学生在完成工作任务过程中进行专业实践，在学会专业基本知识及技能基础上提升综合职业能力。

（2）教学过程中，应以学生为本，关注学生的学习兴趣和体验，注重"教"和"学"的互动，教师示范，学生操作。

（3）教学过程中，可创设职业情境，借助现代信息技术，辅以多媒体等教具，采用角色扮演、情境教学等方法，实现"教、学、做"一体化，教师在做中教、学生在做中学。

（4）教学过程中，教师应积极引导学生提升职业素养，培养学生诚实守信、细致工作、善于沟通和合作的品质。

（二）教学条件

（1）销售管理实训室。
（2）校内外实训、实验基地。
（3）稳定的校外实习实践基地。

十、教学评价

（1）教学评价标准应体现任务引领课程特征，体现理论与实践的统一，加强实践教学环节的考核，以能否完成任务及完成的情况给予评价。

（2）教学评价方式注重即时评价与延时评价相结合、过程考核与结果考核相结合，结合课堂提问、学生作业、平时测验、技能竞赛、分级设岗、实习实训等任务完成情况和考试情况，采用学生自评与互评、教师评价、社会评价等多种形式，综合评定学生的成绩。

（3）应注重对学生实践中动手能力、分析问题和解决问题能力的考核，对在学习和应用上有创新的学生应给予特别鼓励，综合评价学生的能力。

附：销售管理课程结构分析图（如图 2 - 25）。

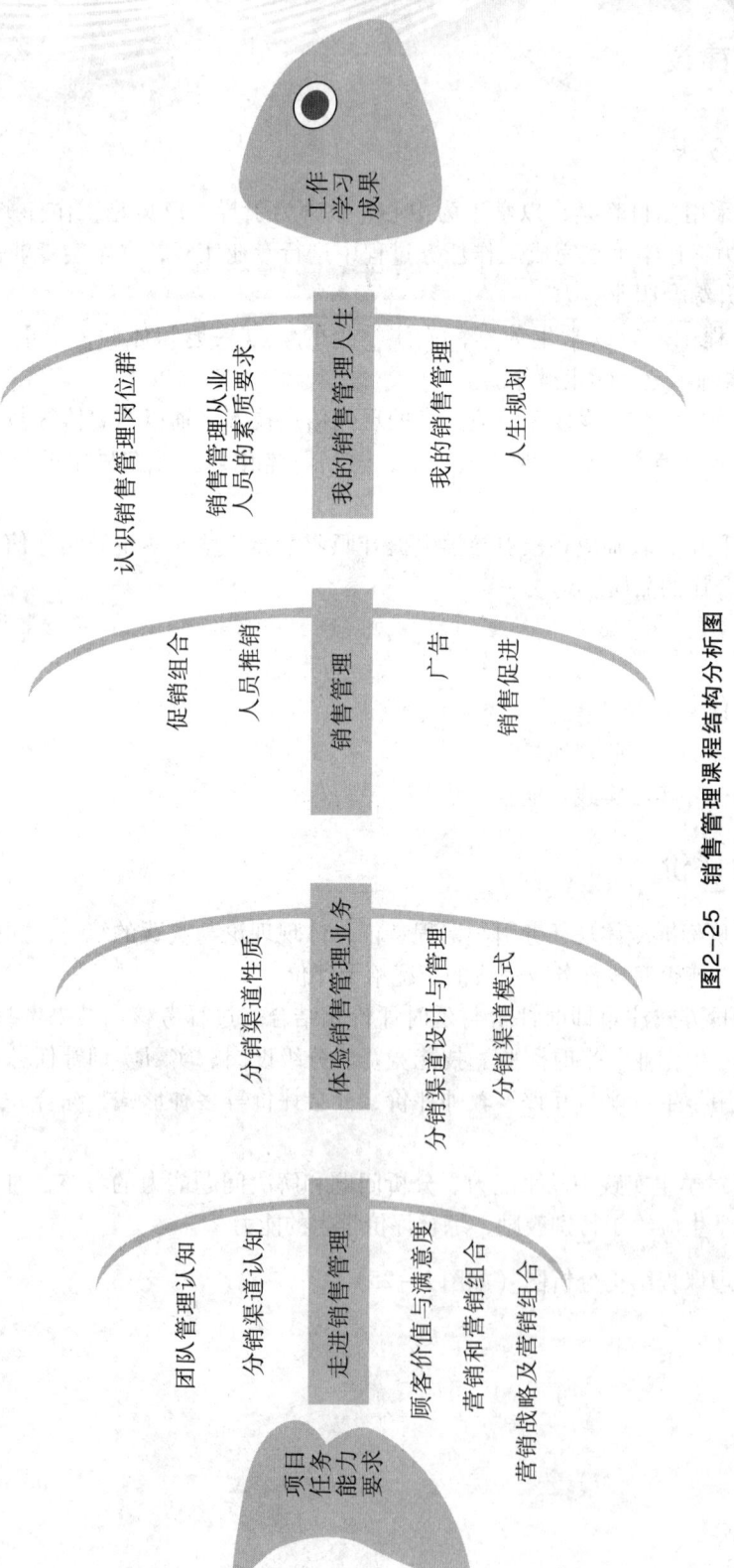

图2-25 销售管理课程结构分析图

(撰稿人:张丽华)

附　录

1. 中高职衔接市场营销专业职业能力分析表

工作项目/ 职业素养	工作任务/ 职业素养分类		职业能力 （知识、技能、方法、工具、要求）		学习水平	
					中职 L_i	高职 L_j
01 顾客满意度	01-01	维护购物环境	01-01-01	创造愉快的购物环境	L1	L1
			01-01-02	维持卖场物品整洁	L1	L1
			01-01-03	保持卖场卫生干净	L1	L1
			01-01-04	正确使用规范服务用语"五唱"	L1	L2
	01-02	提高服务质量	01-02-01	具有良好的服务态度和耐心	L2	L2
			01-02-02	具有良好的沟通能力	L2	L2
			01-02-03	具有较强的语言表达能力	L2	L3
	01-03	处理客户投诉	01-03-01	了解客户需求		L3
			01-03-02	掌握倾听的技巧	L2	L3
			01-03-03	具有较强的沟通与协调能力	L2	L2
02 卖场商品管理	02-01	陈列	02-01-01	掌握陈列原则、商品分类	L1	L2
			02-01-02	掌握促销堆垛摆放技巧	L1	L3
			02-01-03	掌握排面陈列的方式、方法	L2	L2
			02-01-04	掌握排面量的设定技巧	L1	L2
			02-01-05	掌握交叉陈列理念及方式、方法		L3
	02-02	执行促销活动	02-02-01	明确促销活动的内容和目的		L3
			02-02-02	准备促销道具（如海报等）	L1	L1
			02-02-03	准备促销商品	L1	L1
			02-02-04	准备促销赠品	L1	L1
	02-03	缺货管理	02-03-01	提出订货申请	L2	L2
			02-03-02	能运用RF终端进行缺货管理	L2	L3
			02-03-03	及时反馈缺货报表		
	02-04	价格标签管理	02-04-01	制订价格标签的更换计划	L2	L2
			02-04-02	核对与更换每天的变价报告	L2	
			02-04-03	熟知国家有关法律（价格标签）	L2	L3

续上表

工作项目/职业素养		工作任务/职业素养分类		职业能力（知识、技能、方法、工具、要求）		学习水平	
						中职 L_i	高职 L_j
02	卖场商品管理	02-05	商品保质期	02-05-01	熟知国家有关食品法规	L2	L3
				02-05-02	熟知商品保质期的有关法律法规	L2	L3
				02-05-03	熟知食品添加剂的法规	L2	L3
				02-05-04	执行商品保质期检查计划	L1	L2
		02-06	卫生管理	02-06-01	掌握卫生要求标准（如洗手）	L1	L1
				02-06-02	开展卫生培训	L1	L1
				02-06-03	制订月初的清洁计划	L2	L2
		02-07	商场仓库管理	02-07-01	熟知仓库管理的方法	L2	L2
				02-07-02	规定每月盘点时间	L2	L3
				02-07-03	能正确归类并叠放商品	L2	L2
				02-07-04	及时清理不合理库存商品（破损、积压）产品	L2	L2
		02-08	退货	02-08-01	了解需退货的原因	L2	L2
				02-08-02	整理所退货物的单品与数量	L1	L1
				02-08-03	了解并完成退货的流程	L2	L2
03	促销人员管理（人力资源管理）	03-01	促销员排班	03-01-01	了解相关的劳动法	L2	L3
				03-01-02	了解排班规则		L1
				03-01-03	能根据实际情况调整排班表		L2
		03-02	召开例会	03-02-01	总结昨天的销售情况	L1	L1
				03-02-02	安排当天的工作任务		L2
		03-03	仪容仪表	03-03-01	使用标准服务用语	L1	L2
				03-03-02	按公司标准展示良好的服务	L1	L2
				03-03-03	按标准着装	L1	L1
		03-04	安排工作	03-04-01	根据公司的规定安排各岗位当天的工作，检查反馈工作效果	L2	L3
		03-05	促销员培训	03-05-01	具有良好的语言表达能力	L1	L1
				03-05-02	能开展仪容仪表培训	L1	L2
				03-05-03	能对商品卖点进行培训	L1	L3

续上表

工作项目/ 职业素养	工作任务/ 职业素养分类		职业能力 （知识、技能、方法、工具、要求）		学习水平	
					中职 Li	高职 Lj
04 财务 管理	04-01	卖场 损耗管理	04-01-01	进行商品防盗措施培训（防盗工具使用）	L2	L2
			04-01-02	及时清理尾货商品	L1	L1
			04-01-03	报损商品的处理	L2	L1
	04-02	周期盘点	04-02-01	发现差异及时申报	L1	L1
			04-02-02	定期按商品分类进行点数	L1	L1
			04-02-03	能填写盘点报表	L2	L2
	04-03	资产管理	04-03-01	货架及零部件资产管理	L1	L1
			04-03-02	易耗资产的管理	L1	L1
	04-04	绩效分析	04-04-01	分析库存		L3
			04-04-02	分析销售		L3
			04-04-03	计算毛利		L3
05 了解 调研 方案	05-01	明晰 调研目标	05-01-01	正确理解调研目标	L2	L3
			05-01-02	掌握目标分析方法和流程	L3	L3
	05-02	落实 调研经费	05-02-01	申请调研经费		L1
			05-02-02	跟进经费审批		L2
			05-02-03	落实调研经费		L2
	05-03	确定 调研人员	05-03-01	了解调研人员的能力	L1	L2
			05-03-02	确定调研人员的数量	L2	L2
	05-04	调研人员 培训	05-04-01	明确培训目标	L2	L2
			05-04-02	接受调研培训	L1	L1
			05-04-03	接受培训考核	L1	L2
06 制订 调研 计划	06-01	确定 调研时间	06-01-01	界定调研时间（起始时间）		L2
			06-01-02	管理调研时间进度	L2	L2
	06-02	确定 调研地点	06-02-01	确定调研区域	L1	L3
			06-02-02	区分区域划分	L1	L3
	06-03	确定 调研对象	06-03-01	掌握目标受众分析方法		L3
			06-03-02	设定调查总量	L2	
			06-03-03	总结分析结果		L3
	06-04	确定 调研方法	06-04-01	掌握基本调研方法		L3
			06-04-02	选定适当调研方法	L2	L2

续上表

工作项目/ 职业素养	工作任务/ 职业素养分类		职业能力 （知识、技能、方法、工具、要求）		学习水平	
					中职 Li	高职 Lj
06	制订调研计划	06-05	调研分工	06-05-01 决定内容分工		L3
				06-05-02 决定人员分工		L2
				06-05-03 决定区域分工		L3
07	实施调研	07-01	准备物料	07-01-01 设计调查表格及内容		L3
				07-01-02 掌握如何转化为网络调研方法	L2	L2
				07-01-03 确定调研物料		L1
				07-01-04 制作调研物料	L1	L2
		07-02	信息采集	07-02-01 确定信息采集渠道		L2
				07-02-02 掌握调研沟通话术	L1	L1
				07-02-03 准备访谈问题	L2	L2
				07-02-04 确定采集方式：实地考察、调查访问	L2	L2
		07-03	二手资料搜集	07-03-01 搜集网络媒介资料	L1	L2
				07-03-02 搜集公司内部资料		L1
				07-03-03 搜集政府报告（经济类）资料		L3
				07-03-04 搜集行业报告资料		L3
				07-03-05 搜集报纸、杂志资料		L1
				07-03-06 搜集第三方调查机构报告资料		L3
		07-04	实地考察	07-04-01 选择约访		L2
				07-04-02 熟悉考察路线		L1
				07-04-03 掌握考察方法（摄影/录音/记录）		L1
				07-04-04 使用问卷调查法		L2
		07-05	调查访问	07-05-01 使用个别访谈法		L3
				07-05-02 使用电话邮件调查法		L1
				07-05-03 使用小组调查法		L3
				07-05-04 使用随机调查法		L2

续上表

工作项目/ 职业素养		工作任务/ 职业素养分类		职业能力 （知识、技能、方法、工具、要求）		学习水平	
						中职 Li	高职 Lj
08	整理资料	08-01	筛选整理分类	08-01-01	筛选有效资料		L2
				08-01-02	整理分类	L1	L2
				08-01-03	录入资料	L1	L1
		08-02	数据核查分析	08-02-01	核查数据	L1	L3
				08-02-02	掌握数据分析统计工具（如SPSS等）		L3
		08-03	初步汇总结果	08-03-01	撰写调查报告初稿		L3
09	市场调研	09-01	制定调查方案	09-01-01	明确调研目标		L2
				09-01-02	预算经费	L2	L2
				09-01-03	搜集所需信息资料	L2	L2
				09-01-04	撰写方案大纲		L3
				09-01-05	撰写调查实施方案及预案		L3
				09-01-06	报批方案		L2
		09-02	组织实施调查	09-02-01	召开会议，调查部署		L3
				09-02-02	跟进调查进度	L1	L3
				09-02-03	搜集反馈信息	L2	L1
				09-02-04	解决调研中出现的问题		L3
		09-03	撰写调研报告	09-03-01	掌握统计分析知识		L3
				09-03-02	熟悉调研报告撰写格式	L2	L2
				09-03-03	转化数据为总结文字	L2	L2
		09-04	报告反馈	09-04-01	展示语言组织能力	L2	L2
				09-04-02	使用倾听记录技巧	L1	L1
				09-04-03	确认信息反馈		L2
		09-05	市场调研质量控制	09-05-01	确保调研样本足量	L2	L2
				09-05-02	确认调研样本有效性	L2	L3
				09-05-03	组织调研按时按质完成	L2	L3

续上表

工作项目/职业素养		工作任务/职业素养分类		职业能力（知识、技能、方法、工具、要求）		学习水平	
						中职 Li	高职 Lj
10	制定及执行市场推广方案	10-01	确定市场推广目标	10-01-01	分析市场调研结果		L3
				10-01-02	界定企业目标	L2	L2
				10-01-03	确定细分市场		L3
		10-02	撰写推广方案	10-02-01	形成文字表述	L1	L2
				10-02-02	分析方案可行性		L3
				10-02-03	撰写预案	L2	L2
		10-03	市场活动管理	10-03-01	管理促销		L2
				10-03-02	组织路演		L2
				10-03-03	管理客户回馈		L2
		10-04	推广执行评估	10-04-01	分析总结推广数据		L3
				10-04-02	评估效果	L2	L2
				10-04-03	反馈效果	L2	L2
11	培训	11-01	调研人员培训	11-01-01	明确培训目标		L2
				11-01-02	制订培训计划		L2
				11-01-03	确定培训内容		L2
				11-01-04	执行培训	L1	L1
				11-01-05	评价培训	L1	L1
12	客商培训	12-01	客商培训	12-01-01	制订培训计划	L2	L2
				12-01-02	确定培训内容	L2	L2
				12-01-03	执行培训	L2	L2
				12-01-04	评价培训	L2	L3
				12-01-05	明确培训目标	L2	
13	信息搜集及分析	13-01	相关政策信息搜集	13-01-01	掌握信息搜集方法	L2	L2
				13-01-02	制订信息收集计划	L2	L2
				13-01-03	执行信息搜集任务	L2	L2
				13-01-04	整理分析信息	L2	L2
				13-01-05	反馈信息	L2	L2
		13-02	竞争对手信息搜集	13-02-01	掌握信息搜集方法		L3
				13-02-02	制订信息收集计划	L2	L2
				13-02-03	执行信息搜集任务	L1	L1
				13-02-04	整理分析信息	L2	L2
				13-02-05	信息反馈	L1	L1

续上表

工作项目/ 职业素养	工作任务/ 职业素养分类		职业能力 （知识、技能、方法、工具、要求）		学习水平	
					中职 L_i	高职 L_j
13 信息搜集及分析	13-03	客户信息搜集数据管理与分析	13-03-01	掌握信息搜集方法	L2	L2
			13-03-02	制订信息搜集计划	L2	L2
			13-03-03	执行信息搜集任务		L3
			13-03-04	整理分析信息	L1	L1
			13-03-05	信息反馈	L1	L1
			13-03-06	掌握数据管理与分析方法	L2	L2
			13-03-07	进行数据挖掘与分析		L3
			13-03-08	撰写数据分析报告		L3
14 公共关系	14-01	政府关系	14-01-01	明确企业公关目标	L1	L2
			14-01-02	掌握公关礼仪	L1	L1
			14-01-03	掌握公关语言艺术	L2	L2
			14-01-04	掌握公关心理学	L2	L3
	14-02	媒体关系	14-02-01	明确企业公关目标	L1	L2
			14-02-02	掌握公关礼仪	L1	L2
			14-02-03	掌握公关语言艺术	L2	L2
			14-02-04	掌握公关心理学	L2	L3
	14-03	行业关系	14-03-01	明确企业公关目标	L1	L2
			14-03-02	掌握公关礼仪	L1	L1
			14-03-03	掌握公关语言艺术	L2	L2
			14-03-04	掌握公关心理学	L2	L3
	14-04	大众关系	14-04-01	明确企业公关目标	L1	L2
			14-04-02	掌握公关礼仪	L1	L1
			14-04-03	掌握公关语言艺术	L2	L2
			14-04-04	掌握公关心理学	L2	L3
	14-05	危机处理	14-05-01	拥有良好心理素质	L2	L2
			14-05-02	拥有应变能力		L3
			14-05-03	掌握预防危机方法	L3	L3

续上表

工作项目/ 职业素养	工作任务/ 职业素养分类		职业能力 （知识、技能、方法、工具、要求）		学习水平	
					中职 Li	高职 Lj
15 品牌建设	15-01	企业文化	15-01-01	理解认同企业文化	L1	L1
			15-01-02	传播企业文化	L1	L1
			15-01-03	践行企业文化	L2	L2
	15-02	品牌策划推广	15-02-01	分析品牌定位	L2	L2
			15-02-02	撰写品牌策划书	L3	L3
			15-02-03	执行品牌推广活动	L3	L3
			15-02-04	使用传统媒体广告	L2	L2
			15-02-05	使用新媒体广告	L2	L2
	15-03	提出品牌战略建议	15-03-01	明确企业品牌战略定位	L3	L3
			15-03-02	分析总结品牌战略实施情况	L2	L3
			15-03-03	提出品牌战略优化建议		L3
16 搜集分析客户信息	16-01	客户咨询	16-01-01	熟悉经营与服务政策	L2	L2
			16-01-02	熟悉产品与服务	L2	L2
			16-01-03	接听服务热线	L2	L2
			16-01-04	前台咨询	L2	L2
	16-02	会员登记	16-02-01	填写登记表	L1	L1
			16-02-02	输入登记表电脑	L1	L1
			16-02-03	发放会员卡	L1	L1
			16-02-04	建立顾客档案	L1	L1
	16-03	客户调查	16-03-01	选择第三方调查机构	L3	L3
			16-03-02	选择调查方式：问卷调查、电话调查	L1	L1
			16-03-03	公司内部暗访	L2	L2
			16-03-04	分析目标客户群	L3	L3
			16-03-05	调整商品结构	L3	L3
	16-04	销售反馈	16-04-01	登记退换货	L1	L1
			16-04-02	管理客户投诉	L3	L3
			16-04-03	售前咨询	L1	L1

续上表

工作项目/ 职业素养	工作任务/ 职业素养分类		职业能力 （知识、技能、方法、工具、要求）		学习水平	
					中职 Li	高职 Lj
17 客服 培训	17－01	搜集培训 需求	17－01－01	发放培训需求表	L1	L1
			17－01－02	收集汇总	L1	L2
			17－01－03	明确公司服务政策及流程	L1	L2
	17－02	制定培训 方案	17－02－01	确定培训目标		L2
			17－02－02	确定培训内容		L2
			17－02－03	确定培训方式		L2
			17－02－04	确定培训时间、地点		L2
	17－03	组织培训	17－03－01	落实培训计划		L3
			17－03－02	发放培训通知		L1
			17－03－03	制作课件		L3
			17－03－04	组织实施培训		L2
	17－04	培训评估	17－04－01	组织学员评价		L1
			17－04－02	参考管理层意见		L3
			17－04－03	评价效果		L2
18 协调 公共 关系	18－01	客户沟通	18－01－01	建立与客户沟通渠道	L2	L2
			18－01－02	选择与客户沟通方式	L2	L2
	18－02	部门间 沟通	18－02－01	协调会议	L3	L3
			18－02－02	管理各种系统文件	L1	L1
	18－03	外部沟通	18－03－01	建立外部沟通渠道	L3	L3
			18－03－02	明确沟通主要对象	L2	L2
			18－03－03	选择沟通方式	L2	L2
19 服务 项目	19－01	人员服务	19－01－01	注意服务态度	L1	L1
			19－01－02	注重仪容仪表	L1	L1
			19－01－03	使用服务技巧，包括语言表达	L2	L2
	19－02	参与 促销 活动	19－02－01	挑选顾客	L2	L2
			19－02－02	发布促销信息	L2	L2
			19－02－03	跟踪海报投递	L1	L1
			19－02－04	使用问卷调查	L2	L2
			19－02－05	组织促销回访	L2	L2

续上表

工作项目/职业素养		工作任务/职业素养分类		职业能力（知识、技能、方法、工具、要求）		学习水平	
						中职 L_i	高职 L_j
19	服务项目	19-03	产品服务	19-03-01	组织产品陈列	L3	L3
				19-03-02	组织产品包装	L3	L3
				19-03-03	协调品质管理	L3	L3
				19-03-04	监控价签管理	L3	L3
		19-04	环境服务	19-04-01	保持整洁、卫生	L1	L1
				19-04-02	调控灯光、设施环境	L1	L1
				19-04-03	确保安全	L2	L2
		19-05	设施服务	19-05-01	管理免费巴士	L1	L1
				19-05-02	协调停车场	L1	L1
				19-05-03	协调特殊人员服务设施	L1	L1
20	售后服务	20-01	客户回访	20-01-01	界定回访方式：上门回访、微信回访、短信回访、电话回访		L2
				20-01-02	收集整理顾客意见		L2
				20-01-03	分析反馈、提交报告		L3
				20-01-04	跟踪改进		L2
		20-02	订单跟踪	20-02-01	接收订单		L1
				20-02-02	系统下单		L1
				20-02-03	配送		L2
				20-02-04	反馈订单信息		L1
				20-02-05	组织订单对账		L1
		20-03	会员维护	20-03-01	使用电话回访		L2
				20-03-02	使用顾客圆桌会议		L2
				20-03-03	组织会员促销		L3
		20-04	投诉处理	20-04-01	处理流程	L2	L2
				20-04-02	处理方式	L2	L2
				20-04-03	处理技巧	L2	L2
				20-04-04	分享案例	L2	L3
				20-04-05	投诉数据分析（单数、比例、金额）	L3	L3
				20-04-06	处理跟踪	L2	L2

续上表

工作项目/ 职业素养	工作任务/ 职业素养分类		职业能力 （知识、技能、方法、工具、要求）		学习水平	
					中职 L_i	高职 L_j
21 信息汇总及分析	21-01	填写报表	21-01-01	填写日报、周报、月报	L1	L2
			21-01-02	熟悉各类报表指标内容	L1	L2
			21-01-03	填写及时、准确、完整	L1	L1
	21-02	分析报表	21-02-01	熟悉OA系统的应用	L1	L2
			21-02-02	熟悉Excel表应用	L3	L3
	21-03	提出解决方案	21-03-01	提出处理意见	L1	L3
			21-03-02	了解CRM系统	L1	L3
22 互联网创新服务	22-01	互联网创新服务	22-01-01	使用短信、微信服务	L1	L1
			22-01-02	使用O2O服务	L1	L2
			22-01-03	使用电子支付服务	L1	L2
	22-02	个性化服务	22-02-01	使用体验式服务	L1	L2
			22-02-02	使用订制服务	L2	L3
	22-03	智能化服务	22-03-01	使用电子海报	L1	L1
			22-03-02	使用体验电子设备	L1	L1
			22-03-03	使用脸谱识别	L1	L2
23 熟悉产品及市场	23-01	熟悉产品性能、价格及卖点	23-01-01	参加公司组织的培训	L1	L1
			23-01-02	熟悉产品宣传册	L2	L2
			23-01-03	熟悉产品价格Excel表格	L3	L3
			23-01-04	组织参观生产线	L1	L2
	23-02	熟知公司政策	23-02-01	组织学习公司手册	L1	L2
			23-02-02	组织观看公司宣传视频	L1	L2
			23-02-03	参加公司培训会议	L2	L2
	23-03	熟悉市场环境	23-03-01	通过专业调研机构、政府获取信息	L1	L3
			23-03-02	通过走访，利用市场调研机构数据分析	L1	L3
			23-03-03	了解市场容量	L2	L3
			23-03-04	了解市场渠道	L2	L3
			23-03-05	了解竞品信息	L2	L3
			23-03-06	能够比对自身信息	L2	L2
			23-03-07	关注一线业务信息反馈	L2	L2
			23-03-08	能够填写信息反馈表	L2	L2

续上表

工作项目/职业素养	工作任务/职业素养分类		职业能力（知识、技能、方法、工具、要求）		学习水平	
					中职 L$_i$	高职 L$_j$
24 开发市场	24-01	确定目标	24-01-01	按产品品类分解销售指标	L2	L2
			24-01-02	按市场分解销售指标	L2	L2
			24-01-03	按时间分解销售指标	L2	L2
	24-02	寻找客户	24-02-01	通过网络收集目标客户信息	L2	L2
			24-02-02	通过市场走访收集目标客户信息	L2	L3
			24-02-03	通过第三方信息收集目标客户信息	L2	L2
	24-03	评估客户	24-03-01	确定客户评价指标	L2	L3
			24-03-02	通过同行或相关客户评价	L2	L3
			24-03-03	通过和客户面谈了解客户	L3	L3
	24-04	合作意向洽谈	24-04-01	介绍对产品的市场前景分析	L2	L2
			24-04-02	介绍公司的产品信息及核心卖点	L2	L2
			24-04-03	分析客户投资回报	L3	L3
			24-04-04	了解客户合作需求（商务谈判、消费者心理分析）	L3	L3
	24-05	制定解决方案	24-05-01	熟悉公司各项政策，为客户制定相应的灵活方案	L2	L3
			24-05-02	确定合作政策内容、合作范围	L2	L2
	24-06	确认合作	24-06-01	完善双方各项资质证件资料	L2	L2
			24-06-02	签订合同	L3	L3
25 订单管理	25-01	订单沟通	25-01-01	运用良好商务谈判技巧沟通能力，能与客户沟通订单内容	L2	L3
			25-01-02	确定订单交货时间	L1	L1
			25-01-03	确定回款时间和方式	L3	L3
	25-02	落实订单	25-02-01	核实价格政策	L2	L2
			25-02-02	提交订单	L2	L2
			25-02-03	确定发货物流和发货时间	L1	L2
	25-03	订单跟进	25-03-01	通知客户	L1	L1
			25-03-02	客户确认产品数量和品质	L3	L3
			25-03-03	客户签收	L2	L3

续上表

工作项目/ 职业素养		工作任务/ 职业素养分类		职业能力 （知识、技能、方法、工具、要求）	学习水平	
					中职 L_i	高职 L_j
26	退货管理	26-01	确定退货原因及鉴定	26-01-01 掌握客户退货的原因	L2	L2
				26-01-02 列出客户退货的明细	L2	L2
				26-01-03 提交样品进行鉴定		L2
		26-02	控制退货率	26-02-01 根据公司规定，筛选退货内容	L1	L1
				26-02-02 根据客户销售信息，筛选退货内容	L2	L2
		26-03	提出退货申请	26-03-01 提交退货申请表给相关部门	L1	L2
				26-03-02 根据筛选后的内容，填写退货申请表	L1	L2
27	货款跟进	27-01	根据账期与财务核对对账单	27-01-01 通过公司管理系统导出客户销售数据	L3	L3
				27-01-02 运用基本的财务知识，将销售数据与财务数据的对比复核	L2	L3
				27-01-03 提取财务部正确对账单	L2	L2
		27-02	与客户对账	27-02-01 提交对账单与结款资料给客户核对	L2	L2
				27-02-02 组织异常账单返回重审	L3	L3
		27-03	确认回款时间	27-03-01 掌握客户确认回款时间	L2	L2
		27-04	送交票据及落实回款	27-04-01 提交票据	L2	L2
				27-04-02 追踪货款到账	L2	L2
				27-04-03 复核货款金额	L2	L2
28	销售服务	28-01	客情维护	28-01-01 客户日常拜访（电话或面访）	L1	L1
				28-01-02 客户风险评估	L3	L3
				28-01-03 客户优化	L2	L2
		28-02	产品维护	28-02-01 产品线维护与优化	L3	L3
				28-02-02 产品质量跟踪	L2	L2
		28-03	客户库存监控	28-03-01 实地考察客户仓库	L1	L1
				28-03-02 跟踪客户库存系统信息	L2	L2
				28-03-03 分析客户库存周转合理性	L3	L3
		28-04	价格维护	28-04-01 维护终端价格	L2	L2
				28-04-02 维护渠道价格	L2	L2

续上表

工作项目/职业素养	工作任务/职业素养分类		职业能力（知识、技能、方法、工具、要求）		学习水平	
					中职 L$_i$	高职 L$_j$
28 销售服务	28-05	协助分销	28-05-01	制定分销路线政策	L2	L3
			28-05-02	协助客户开发下级销售网络	L2	L3
			28-05-03	划分分销区域	L2	L3
	28-06	渠道管理	28-06-01	解决渠道窜货冲突	L2	L3
			28-06-02	监督落实渠道政策	L2	L3
29 组织促销活动	29-01	了解客户信息	29-01-01	确定客户促销的预定目标	L2	L2
			29-01-02	了解客户的促销产品库存量	L2	L3
			29-01-03	确定客户促销活动的方式及利润分配	L2	L3
	29-02	了解竞品信息	29-02-01	了解竞品活动内容（价格、活动方式、力度）	L2	L2
	29-03	了解公司政策	29-03-01	通过上级领导了解公司现有政策	L2	L2
			29-03-02	结合客户的需求和市场实际情况，提出促销活动的申请	L2	L2
	29-04	制定促销活动方案	29-04-01	确定活动销售目标	L3	L3
			29-04-02	制订促销活动计划	L3	L3
	29-05	开展促销活动	29-05-01	落实促销活动备货、物料和费用	L1	L1
			29-05-02	执行促销活动计划	L2	L2
	29-06	活动评估	29-06-01	分析促销活动的费销比	L2	L2
			29-06-02	汇总销售数据，判断活动效果	L2	L3
			29-06-03	总结促销活动开展过程中的优点与不足	L3	L3
30 团队建设	30-01	人员招聘	30-01-01	提交招聘计划		L2
			30-01-02	提交招聘要求		L2
	30-02	人员培训	30-02-01	制订培训计划		L3
			30-02-02	确定培训内容、培训时间和参与培训人员	L2	L3
	30-03	绩效考核	30-03-01	制定考核标准	L2	L3
			30-03-02	根据标准对考核人员进行评分	L3	L3

续上表

工作项目/ 职业素养	工作任务/ 职业素养分类		职业能力 （知识、技能、方法、工具、要求）		学习水平	
					中职 L$_i$	高职 L$_j$
30 团队建设	30-04	团队激励	30-04-01	制定激励规则	L2	L3
			30-04-02	制定激励方法（口头激励、精神激励和物质激励）	L2	L3
	30-05	组织团队活动	30-05-01	定期开展团队活动，增强团队凝聚力	L2	L2
			30-05-02	开展团队活动方法——聚餐、户外运动、团队比赛	L1	L1
31 报表信息管理	31-01	填制报表	31-01-01	运用Excel等办公软件制作信息回馈表及其他表格	L1	L2
			31-01-02	运用Excel等办公软件制作日报、周报、月报、季报、年报	L2	L3
	31-02	客户信息维护	31-02-01	输入客户信息（基本信息和客户爱好、个性化等信息）	L1	L1
			31-02-02	及时跟进客户信息变化	L2	L2
	31-03	进销存数据整理及分析	31-03-01	汇总数据，运用数据透视表或相关软件进行分析	L2	L3
	31-04	销售目标跟进	31-04-01	进行销售数据的定期更新	L1	L1
			31-04-02	根据销售数据，分析销售目标达成率	L2	L2
			31-04-03	了解客户对接最新目标达成情况	L1	L1
	31-05	费用管控	31-05-01	确定申请费用	L1	L2
			31-05-02	组织费用实施监控	L2	L2
			31-05-03	报销结案	L2	L2
32 营销规划	32-01	市场调研	32-01-01	确定调研方法（问卷、访谈）	L1	L1
			32-01-02	能够熟练使用电脑、办公软件	L1	L1
			32-01-03	能够制定访问提纲	L1	L2
			32-01-04	具备数据分析处理能力		L3
			32-01-05	具备审核调研报告能力		L3

续上表

工作项目/ 职业素养		工作任务/ 职业素养分类		职业能力 （知识、技能、方法、工具、要求）		学习水平	
						中职 L_i	高职 L_j
32	营销规划	32-02	市场定位	32-02-01	能够细分市场		L2
				32-02-02	具有行业分析能力	L1	L3
				32-02-03	了解定位策略（避强、迎强、重新定位）	L1	L3
				32-02-04	能够了解产品、竞品与使用者	L2	L2
		32-03	营销策划	32-03-01	能够熟悉产品、展示产品	L1	L1
				32-03-02	熟悉营销渠道	L1	L1
				32-03-03	能够撰写销售报告		L3
				32-03-04	能制订与销售配套促销计划	L2	L3
				32-03-05	能够制定促销方案并实施	L2	L3
				32-03-06	能进行促销、产品组合价格制定	L1	L3
		32-04	营销预算	32-04-01	能根据营销目标合理分配经费		L3
				32-04-02	能合理控制营销活动成本		L3
33	客户管理	33-01	整理客户资料	33-01-01	搜集客户资料	L1	L1
				33-01-02	对客户进行合理分类		L2
				33-01-03	分析客户需求	L1	L2
				33-01-04	筛选优质客户，进行合理搭配	L1	L2
				33-01-05	分析客户资料	L1	L1
		33-02	制定客户政策	33-02-01	针对不同等级客户制定不同政策	L2	L2
				33-02-02	能有效提高客户忠诚度	L2	L2
		33-03	信用管理	33-03-01	充分了解客户信用、合同履行情况	L2	L3
				33-03-02	了解客户信用	L2	L3
				33-03-03	对客户进行信用评估	L3	L3
		33-04	跟踪与回访	33-04-01	对不同等级客户选择不同回访方式	L2	L2
				33-04-02	维护好客情关系	L2	L3

续上表

工作项目/ 职业素养	工作任务/ 职业素养分类		职业能力 （知识、技能、方法、工具、要求）		学习水平	
					中职 Li	高职 Lj
34 团队 建设	34-01	建立制度	34-01-01	考核制度	L1	L3
			34-01-02	激励制度	L1	L3
	34-02	开展 员工培训	34-02-01	分析员工培训需求		L1
			34-02-02	确定培训方案		L3
			34-02-03	合理制定团队建设规划及工作流程		L3
			34-02-04	产品专业知识培训	L2	L2
			34-02-05	商务礼仪培训	L2	L2
			34-02-06	案例分析	L2	L2
			34-02-07	良好的表达能力	L1	L1
			34-02-08	评估培训效果		L2
	34-03	人才储备	34-03-01	树立明星员工		L2
			34-03-02	储备备用干部		L1
			34-03-03	具备市场营销能力	L2	L2
			34-03-04	语言表达能力	L2	L2
			34-03-05	团队合作	L2	L2
	34-04	组织 团队活动	34-04-01	能够策划、组织团队活动	L2	L2
			34-04-02	能够提升团队凝聚力	L3	L3
			34-04-03	能洞察员工需求	L3	L3
	34-05	制度建设	34-05-01	激励机制	L3	L3
			34-05-02	考核机制	L1	L2
			34-05-03	职位晋升	L1	L2
	34-06	员工关系	34-06-01	积极向上	L1	L1
			34-06-02	沟通技巧	L2	L2
			34-06-03	人际关系	L2	L2
35 宣传 推广	35-01	确定 推广目标	35-01-01	可行性分析	L2	L2
			35-01-02	销售数量	L1	L1
			35-01-03	行业地位	L2	L2

续上表

工作项目/职业素养	工作任务/职业素养分类		职业能力（知识、技能、方法、工具、要求）		学习水平	
					中职 L_i	高职 L_j
35 宣传推广	35-02	确定推广方式	35-02-01	熟悉推广媒介+广告运用	L2	L2
			35-02-02	互联网推广	L2	L2
			35-02-03	外场推广	L1	L2
			35-02-04	平面媒体	L2	L2
			35-02-05	活动广告	L2	L2
	35-03	费用预算	35-03-01	成本控制	L2	L3
			35-03-02	熟知各类媒介价格	L2	L3
			35-03-03	正确使用宣传方式	L1	L2
36 产品规划	36-01	产品包装	36-01-01	文化差异	L1	L1
			36-01-02	消费行为	L1	L3
			36-01-03	包装设计	L1	L1
	36-02	新品开发	36-02-01	竞品分析	L3	L3
			36-02-02	市场需求	L3	L3
	36-03	滞销品处理	36-03-01	促销方案	L3	L3
			36-03-02	捆绑销售	L2	L2
			36-03-03	打折销售	L2	L2
37 工作规划	37-01	设定目标	37-01-01	制订时间表、计划	L2	L2
			37-01-02	有预见性	L3	L3
			37-01-03	确定参与人员	L2	L2
	37-02	下达计划	37-02-01	确定沟通内容、沟通方式	L2	L3
			37-02-02	清晰传达计划信息	L2	L2
			37-02-03	回答疑虑	L2	L3
	37-03	制定执行方案	37-03-01	时间	L2	L2
			37-03-02	方法	L2	L2
			37-03-03	人员	L2	L2
	37-04	监督管控任务	37-04-01	变化管理	L2	L2
			37-04-02	跟踪进度	L2	L2
			37-04-03	问题反馈	L3	L3

续上表

工作项目/ 职业素养	工作任务/ 职业素养分类		职业能力 （知识、技能、方法、工具、要求）		学习水平	
					中职 L_i	高职 L_j
38 资源整合	38–01	人力整合	38–01–01	识别人员需求	L3	L3
			38–01–02	人数的分配	L2	L2
			38–01–03	任务的分配	L2	L2
	38–02	资产整合	38–02–01	确定资产需求	L3	L3
			38–02–02	分配资产	L2	L2
			38–02–03	资产管理	L3	L3
39 客户服务	39–01	危机处理	39–01–01	识别危机	L3	L3
			39–01–02	针对危机，做出反应	L3	L3
			39–01–03	制定方案，规避风险	L3	L3
	39–02	客户关系	39–02–01	把控客户关系维护质量	L2	L2
			39–02–02	制订客户满意度调查计划	L2	L2
			39–02–03	对大客户不定期的关系维护	L2	L3
	39–03	风险规避	39–03–01	了解相关法律法规	L1	L1
			39–03–02	建立有效预警机制	L3	L3
40 团队建设	40–01	制度建设	40–01–01	建立客户满意度标准	L3	L3
			40–01–02	建立内部考核机制	L3	L3
			40–01–03	建立激励机制	L3	L3
	40–02	储备人才	40–02–01	工作能力评估	L2	L2
			40–02–02	人才储备方案报告	L2	L3
			40–02–03	制订人才发展计划	L3	L3
			40–02–04	实施培训方案	L2	L2
			40–02–05	考核	L3	L3
			40–02–06	对考核结果采取相应的跟进措施	L3	L3
	40–03	员工关系	40–03–01	组织活动	L2	L2
			40–03–02	了解员工需求	L2	L2
			40–03–03	组织员工满意度调查	L1	L1

续上表

工作项目/职业素养		工作任务/职业素养分类		职业能力（知识、技能、方法、工具、要求）		学习水平 中职 L_i	学习水平 高职 L_j
41	了解产品	41-01	了解产品构造及功能	41-01-01	学习并掌握产品生产工艺、性能、原材料	L3	L3
				41-01-02	了解竞品生产工艺、性能、原材料	L3	L3
		41-02	了解产品优劣势	41-02-01	竞品资料（包装、原材料、工艺流程、性能、宣传、渠道及方式）	L2	L2
				41-02-02	熟悉产品相关资料（包装、原材料、工艺流程、性能、宣传、渠道及方式）	L3	L3
		41-03	了解产品销售政策	41-03-01	了解产品价格体系	L2	L2
				41-03-02	了解竞品价格体系	L2	L2
				41-03-03	掌握产品目标客户群	L2	L2
				41-03-04	掌握销售渠道	L1	L2
42	开拓市场	42-01	开拓新客户	42-01-01	电话沟通	L1	L2
				42-01-02	当面拜访	L2	L2
				42-01-03	邮寄资料	L1	L1
		42-02	开拓新渠道	42-02-01	了解市场渠道	L1	L2
				42-02-02	选择合适产品开拓新市场	L1	L2
				42-02-03	了解未开发市场潜力	L1	L2
				42-02-04	撰写开拓新市场报告	L3	L3
		42-03	合理配置资源	42-03-01	具有数据核算分析能力	L2	L2
				42-03-02	能识别可优化整合资源	L2	L2
				42-03-03	具有人财媒介资源整合优化能力	L2	L2
43	计划执行	43-01	熟悉计划目标	43-01-01	了解企业发展方向和三年优化能力	L1	L2
				43-01-02	熟悉部门工作流程	L1	L1
				43-01-03	具有项目管理能力	L1	L1
		43-02	制定执行措施	43-02-01	人员分工	L2	L2
				43-02-02	业务拓展支持政策		L3

续上表

工作项目/ 职业素养		工作任务/ 职业素养分类		职业能力 （知识、技能、方法、工具、要求）		学习水平	
						中职 Li	高职 Lj
43	计划执行	43-03	对任务目标进行沟通	43-03-01	业务沟通会（战略目标总结）		L3
				43-03-02	总结会、绩效回顾并制定相应的调整策略	L1	L2
		43-04	下达任务	43-04-01	语言沟通能力	L1	L1
				43-04-02	协调能力	L2	L2
				43-04-03	激励能力	L1	L3
		43-05	监督和管控任务	43-05-01	管理协调能力	L2	L2
				43-05-02	任务管控能力	L1	L2
				43-05-03	监督执行能力	L2	L2
44	商务谈判	44-01	掌握谈判策略技巧	44-01-01	熟悉谈判模式	L1	L1
				44-01-02	能熟练运用谈判技巧	L1	L2
				44-01-03	具有良好的心理素质	L1	L1
		44-02	掌握对方谈判心理	44-02-01	具有一定的心理学知识	L1	L1
				44-02-02	具有较强的洞察力	L1	L3
		44-03	了解商务礼仪知识	44-03-01	了解商务礼仪知识	L2	L2
				44-03-02	着装正式行为得体	L1	L1
		44-04	外语应用	44-04-01	具有简单的外语会话能力	L2	L3
45	职业素养（通用能力、核心技能、关键能力）	45-01	沟通交流	45-01-01	能使用规范用语，善于表达，具有商务谈判能力	L3	L3
				45-01-02	能通过询问、沟通聆听获得有效信息	L1	L2
				45-01-03	能通过书面表达交流分享信息	L2	L2
				45-01-04	能清晰领悟上级指令及时按质完成任务	L2	L3
				45-01-05	能清晰汇报工作并能明确下达工作任务	L2	L3
				45-01-06	能运用现代多媒体技术进行主题演讲	L1	L2
				45-01-07	能运用现代信息技术与人进行沟通	L1	L2
				45-01-08	能有效参与各类会议并能清晰表达观点	L2	L3
				45-01-09	能根据主题收集第一、二手资料	L2	L3
				45-01-10	能根据情境分析判断并及时将信息反馈	L2	L3

续上表

工作项目/ 职业素养	工作任务/ 职业素养分类		职业能力 （知识、技能、方法、工具、要求）		学习水平	
					中职 L_i	高职 L_j
45 职业素养（通用能力、核心技能、关键能力）	45-02	数字应用	45-02-01	能具有心算速算能力	L2	L3
			45-02-02	能准确计算数字	L2	L3
			45-02-03	能掌握基本的数字运算技巧	L2	L3
			45-02-04	能对数据进行评价和分析	L2	L3
			45-02-05	能应用 Excel 表对数字进行处理	L2	L3
			45-02-06	培养对数字的敏感性	L2	L3
	45-03	革新创新	45-03-01	发散思维、广泛的知识视野	L2	L3
			45-03-02	关注行业新发展与新动态	L2	L3
			45-03-03	能有效运用行业新技术提高效率	L2	L3
			45-03-04	能主动改变原有工作方式提高工作效率	L2	L3
	45-04	自主学习	45-04-01	勤奋好学，理解和接受能力强	L2	L3
			45-04-02	具有良好的自学习惯和方法，并能不断更新知识与技能	L2	L3
			45-04-03	商品知识学习、销售技术学习	L2	
	45-05	团队合作	45-05-01	具有良好的合作与团队意识	L2	L3
			45-05-02	较强的沟通技巧、积极向上执行能力强	L3	
	45-06	解决问题	45-06-01	能发现识别问题并能及时反馈	L3	L3
			45-06-02	能按规定合理妥善解决问题	L2	L3
			45-06-03	具备处理投诉的能力	L2	L3
	45-07	信息处理	45-07-01	能运用办公软件办公设备	L2	L2
			45-07-02	能搜集客户信息	L2	L2
			45-07-03	能及时更新客户资料	L1	L2
			45-07-04	能阅读电子目录	L1	L2
			45-07-05	能及时更新客户资料	L1	L2

续上表

工作项目/ 职业素养	工作任务/ 职业素养分类		职业能力 （知识、技能、方法、工具、要求）	学习水平	
				中职 L_i	高职 L_j
45	职业素养（通用能力、核心技能、关键能力）	45-08 责任意识	45-08-01 责任心强，具有危机处理能力	L2	L3
			45-08-02 具有安全防护意识	L1	L2
			45-08-03 具备服务意识	L2	L3
			45-08-04 能主动提出合理化建议解决工作问题	L2	L3
			45-08-05 能通过口头书面形式交流分享信息	L2	L3
			45-08-06 能清晰领悟上级指令按时按质完成任务	L2	L3
			45-08-07 具有简单的外语会话能力	L2	L3
		45-09 外语应用	45-09-01 读懂营销专业术语及缩写	L2	L3
			45-09-02 能运用专业术语进行简单交流	L2	L3
			45-09-03 具有简单的外语会话能力	L1	L2

注："学习水平"的中职 L_i 的 i 对应职业生涯发展路径表中中职的发展层级，若是第Ⅱ层级，则用 L2 表示；若是第Ⅲ层级，则用 L3 表示。同理，高职 L_j 的 j 对应职业生涯发展路径表中高职的发展层级，若是第Ⅱ层级，则用 L2 表示；若是第Ⅲ层级，则用 L3 表示。

2. 项目结题证书

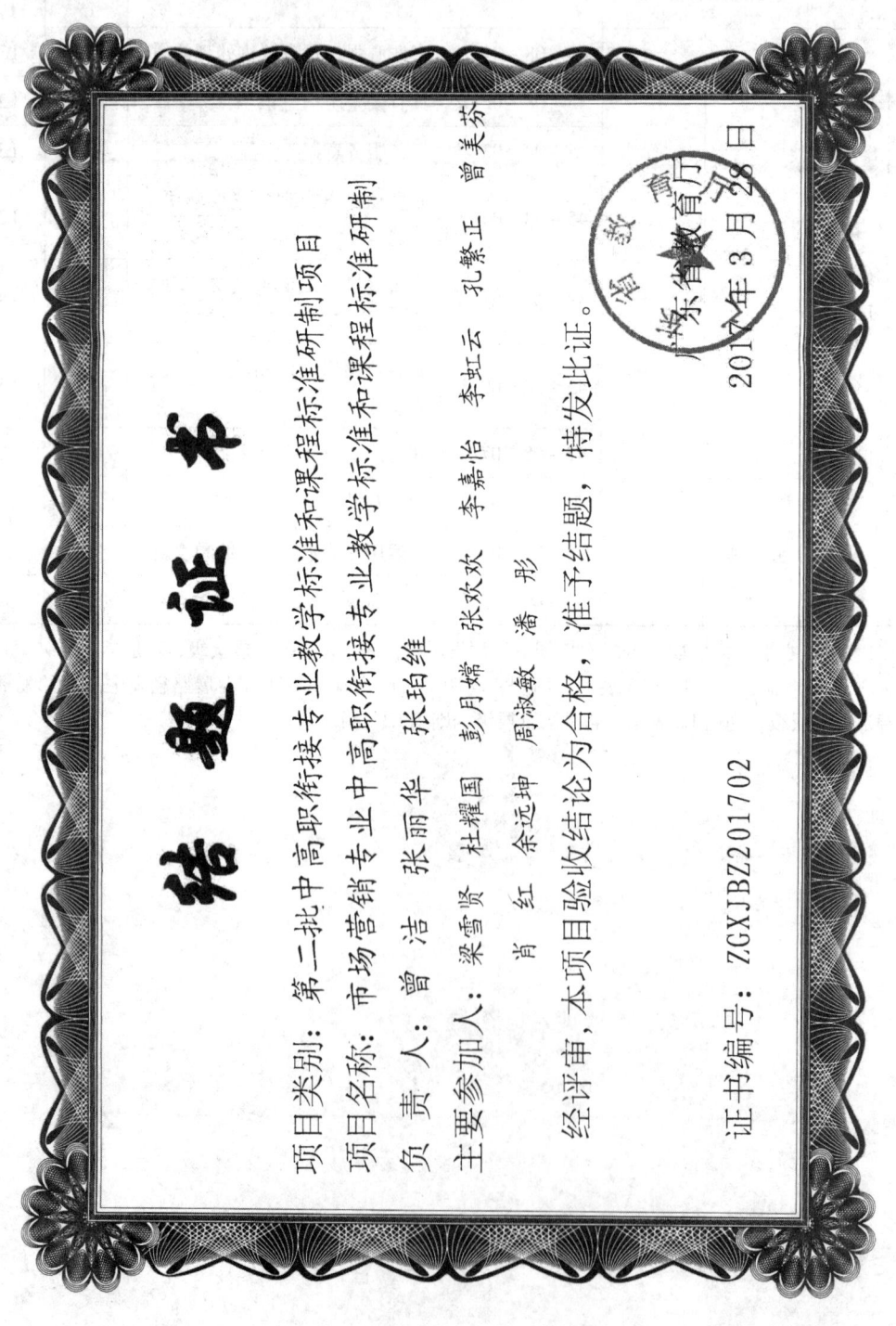

结 题 证 书

项目类别：第二批中高职衔接专业教学标准和课程标准研制项目
项目名称：市场营销专业中高职衔接专业教学标准和课程标准研制
负 责 人：曾 洁　张丽华　张珀维
主要参加人：梁雪贤　彭月嫦　张欢欢　李嘉怡　李虹云　孔繁正　曾美芬
　　　　　　肖 红　余远坤　周淑敏　潘　彤
　　　　　　杜耀国

经评审，本项目验收结论为合格，准予结题，特发此证。

2017年3月28日

证书编号：ZGXJBZ201702